Schriften der Gesellschaft für Sozialen Fortschritt e. V.

Band 6

Schriftleitung: Albert Müller

Jahresversammlung der
Gesellschaft für Sozialen Fortschritt e. V.
Bonn 1957

Freiheit und Bindung
im kollektiven Arbeitsrecht

DUNCKER & HUMBLOT / BERLIN

Alle Rechte vorbehalten
© 1957 Duncker & Humblot, Berlin
Gedruckt 1957 bei Berliner Buchdruckerei Union GmbH., Berlin SW 29
Printed in Germany

Inhalt

Begrüßung und Einführung: Prof. Dr. Dr. h. c. Friedrich Sitzler, Stuttgart 7

Vorträge: Freiheit und Bindung im kollektiven Arbeitsrecht

    Historische und arbeitsrechtliche Betrachtung
    Prof. Dr. Rolf Dietz, Münster (Westf.) 13

    Philosophische und gesellschaftskritische Betrachtung
    Prof. Dr. Oswald von Nell-Breuning, Frankfurt/M. 27

Aussprache:

    Prof. Dr. Arthur Nikisch, Kiel 37

    Hermann Beermann, Bundesvorstand des Deutschen Gewerkschaftsbundes, Düsseldorf 40

    Rechtsanwalt Dr. Hans Bohn, Arbeitgeberverbände Wuppertal 41

    Otto Günther, Hauptvorstand der Deutschen Angestellten-Gewerkschaft, Hamburg 45

    Prof. Dr. Wolfgang Siebert, Göttingen 47

    Klaus von Bismarck, Haus Villigst 52

    Erich Bührig, Wirtschaftswissenschaftliches Institut der Gewerkschaften, Köln 53

    Max Lobeck, Landesvereinigung der industriellen Arbeitgeberverbände NRW, Düsseldorf 56

    Prof. Dr. Ludwig Preller, M. d. B., Bonn 59

    Karl Müller, Hauptvorstand der IG Chemie, Papier, Keramik, Hannover 62

Schlußworte:

    Prof. Dr. Oswald von Nell-Breuning, Frankfurt/M. 65

    Prof. Dr. Rolf Dietz, Münster (Westf.) 66

    Prof. Dr. Dr. h. c. Friedrich Sitzler, Stuttgart 66

Begrüßung, Einführung, Vorträge und Aussprache auf der Jahresversammlung der Gesellschaft für Sozialen Fortschritt e.V.
am 25. März 1957 in Bonn

Der Ehrenpräsident der Gesellschaft für Sozialen Fortschritt eröffnete die Veranstaltung durch die nachfolgenden Worte der B e - g r ü ß u n g und gab anschließend eine Einführung in das Thema.

Prof. Dr. Dr. h. c. Friedrich Sitzler, Stuttgart:

Namens des Vorstandes der Gesellschaft für Sozialen Fortschritt begrüße ich Sie alle herzlich und danke Ihnen für Ihr Erscheinen. Ich freue mich, unter Ihnen zahlreiche Repräsentanten hoher Stellen begrüßen zu dürfen: Abgeordnete der Parlamente des Bundes und der Länder, Vertreter der Bundesregierung und der Landesregierungen, des Internationalen Arbeitsamtes, der Wissenschaft, der Wirtschaft, der Arbeitergeberverbände und der Gewerkschaften und nicht zuletzt auch Vertreter von Presse und Rundfunk. Ein besonderer Willkommensgruß gilt unseren Gästen aus Österreich, den Präsidenten der Kammern für Arbeiter und Angestellte aus Wien, Salzburg und Innsbruck, die auch diesmal wieder zu unserer Jahresversammlung gekommen sind.

Es ist heute das letzte Mal, daß ich Sie bei einer Veranstaltung unserer Gesellschaft als deren Vorsitzender hier begrüßen darf; denn heute morgen hat die Mitgliederversammlung meiner Bitte entsprochen, mich von diesem, für einen 75 jährigen immerhin nicht ganz leichten Amt zu entbinden und die Leitung der Gesellschaft in jüngere Hände zu legen. Ich freue mich, Ihnen als neuen Präsidenten der Gesellschaft Herrn Klaus von B i s m a r c k vorstellen zu dürfen. Er weilt hier unter uns und ist als Leiter des Sozialamts der Evangelischen Kirche von Westfalen, aus seiner erfolgreichen sozialen Tätigkeit, vor allem im Bergbau und in der Textil-Industrie, für die er mit dem Freiherr vom Stein-Preis ausgezeichnet worden ist, und aus seinen Schriften sicher den meisten von Ihnen wohlbekannt. Ich bin überzeugt, daß unter seiner Leitung die Gesellschaft im alten Geiste, aber mit neuer Tatkraft weiter arbeiten wird als eine unabhängige Vereinigung aller um eine gerechte und freie Sozialordnung Bemühten, als eine Brücke zwischen den Sozialpartnern und als Mahner und Wegbereiter zum sozialen Fortschritt.

Erlauben Sie mir nun, ehe wir zu unserer eigentlichen Vortragsveranstaltung kommen, ein paar kurze Ausführungen über das bedeutsame sozialpolitische Ereignis, das wir gerade in der letzten Zeit erlebt haben und das noch unser ganzes Volk intensiv beschäftigt Ich meine die gesetzliche Neuordnung der Rentenversicherung der Arbeiter und Angestellten. Den Inhalt der Gesetze darf ich in diesem sachverständigen Kreis als bekannt voraussetzen. Unsere Zeitschrift „Sozialer Fortschritt" hat sich ja eingehend damit beschäftigt. Natürlich hat auch dieses Gesetzeswerk keinen ungeteilten Beifall gefunden. Trotz Bildung eines sachverständigen Beirats und trotz intensiver parlamentarischer Beratung meinen die einen, die Gelegenheit zu einer großzügigen Reform sei nicht ausreichend genutzt worden. Andere wieder sind der Ansicht, die Neuordnug übersteige die der Sozialpolitik gesetzten Grenzen und gefährde eine gesunde Weiterentwicklung.

Mir scheint es, wir sollten uns des Optimismus, des Mutes und des Zukunftsglaubens, die hier am Werke waren, freuen und sollten uns gemeinsam bemühen, daß sie die verdienten reichen Früchte bringen. Die Fortschritte sind so groß, daß man dem, was nicht erreicht werden konnte, nicht zu sehr nachtrauern sollte.

Da ist zunächst die Verbesserung der Renten. Die Sozialrenten sind fast durchweg erhöht. Sie werden von nun an nicht mehr Zuschuß- sondern Unterhaltsrenten sein. Die längere Lebenserwartung, die der Mensch heute besitzt, wirkt sich naturgemäß in einer höheren Einschätzung des Lebensabschnitts, der auf das Arbeitsleben folgt, aus. Die öffentliche Meinung ist altersbewußt geworden. Das führt zu einer angemessenen Sicherung des Lebensabends derer, die ihre Arbeitspflicht gegenüber der Allgemeinheit erfüllt haben, und wird das bisher oft so schwere Los der alten Rentner mildern.

Der vom einzelnen in seinem Arbeitsleben erworbene Lebensstandard soll nunmehr bei Berufunfähigkeit und im Alter beibehalten werden. Beim Verlust der Arbeitsfähigkeit greift keine soziale Deklassierung und Nivellierung mehr Platz, sondern die im Arbeitsleben vollbrachte Leistung wirkt auch in den Ruhestand nach. Damit wird das Verhältnis von Leistung und Gegenleistung in der sozialen Versicherung durchsichtiger, was sich sicher auch erzieherisch auswirken wird.

Die nicht mehr Arbeitenden nehmen künftig an den Früchten der Arbeit der Schaffenden teil. Die Einführung eines neuen, von der Kapitaldeckung abweichenden Deckungsverfahrens unterstreicht das Aufeinander-Angewiesensein des arbeitenden und des nicht mehr arbeitenden Teiles der Bevölkerung und schafft so eine Solidarität zwischen beiden Teilen, die sich in einem besseren Verständnis und einem stärkeren Gefühl der Zusammengehörigkeit der Generationen auswirken wird.

Eine weitere Milderung von Rissen in der Gesellschaft bedeutet die Vereinheitlichung des Beitrags- und Leistungsrechts in der Rentenversicherung der Arbeiter und der Angestellten. Unterschiede und Benachteiligungen, die von der Entwicklung überholt waren und künstlich aufrecht erhalten wurden, sind gefallen. Der nun geschaffene gemeinsame Plafond der Arbeiter und der Angestellten in der gesetzlichen Rentenversicherung dürfte kaum der letzte Akt in der sozialrechtlichen Angleichung der Arbeiter an die Angestellten sein; denn die gesellschaftliche Entwicklung kennt so wenig einen Stillstand wie die wirtschaftliche oder die politische.

Schon hat sich das Problem der Gleichstellung der Arbeiter mit den Angestellten in der Frage der Lohnfortzahlung im Krankheitsfalle angekündigt, und sowohl in dem Arbeitskampf in Schleswig-Holstein wie in verschiedenen dem Bundestag vorliegenden Anträgen die Dringlichkeit seiner Lösung gezeigt. Daß die Frage auch in den Erörterungen eines von unserer Gesellschaft eingesetzten Ausschusses zur Neuabgrenzung der Begriffe der Arbeiter und der Angestellten eine Rolle spielt, dürfte Ihnen wohl bekannt sein.

Ich möchte aber auf diese Frage jetzt nicht näher eingehen, sondern kehre zur Neuordnung der Rentenversicherung zurück, um noch auf einen letzten Punkt hinzuweisen: nämlich auf den besonderen Nachdruck, den die neuen Gesetze auf die Erhaltung und Wiederherstellung der Erwerbsfähigkeit legen. Hier könnte ein wertvoller Ansatzpunkt für eine neue, wirksamere Einstellung zur Gesundheitspolitik gegeben sein, der mit ähnlichen Bestrebungen in der Krankenversicherung Hoffnungen auf verstärkte Bemühungen um die Volksgesundheit erweckt.

Auf diese wenigen Beispiele muß ich mich beschränken. Sie zeigen aber zur Genüge, daß es sich bei den neuen Rentengesetzen nicht um das leider so häufige Herumflicken an alten Gesetzen, sondern um eine gesetzgeberische Tat handelt, die neue Wege sucht und auch außerhalb ihres begrenzten Wirkungsfeldes wertvolle Perspektiven eröffnet. Man sollte dies gute Rezept auch beim weiteren Ausbau der Sozialgesetzgebung beibehalten. Wir haben mit den engbegrenzten Augenblickslösungen auf kurze Zeit keine guten Erfahrungen gemacht. Sie verwischen die klare Linie der Gesetzgebung und verbauen häufig den Weg zu einer wirklichen Neugestaltung. Wie der Arzt nicht nur das kranke Organ, sondern den ganzen Menschen behandeln muß, um ihn wirklich gesund machen zu können, so muß der Sozialpolitiker bei seinen Maßnahmen stets das große Ganze der sozialen Ordnung und das Gesamtziel seiner Arbeit im Auge behalten.

Nach diesem Wunsch an den Gesetzgeber noch ein paar W o r t e a n d i e S o z i a l p a r t n e r, die ja hier unter den Erschienenen besonders stark vertreten sind. Es gibt wohl niemand, der den langwierigen Arbeitskampf in der Schleswig-Holsteinischen Metallindustrie nicht bedauert hätte. Unzweckmäßig ist es aber, jetzt nach der Beilegung über die Schuld der einen oder anderen Seite zu diskutieren. Man sollte lieber in die Zukunft sehen und sich gemeinsame Gedanken darüber machen, wie solche opferreichen Kämpfe vermieden werden können.

Die Arbeitgeberseite hat Beratungen über die Verbesserung und Vervollständigung des vereinbarten Schlichtungswesens vorgeschlagen. Wir haben uns über die Möglichkeit wirksamerer gemeinsamer Schlichtungseinrichtungen der Sozialpartner wiederholt in Veranstaltungen der Gesellschaft für Sozialen Fortschritt unterhalten. Ich habe daraus immer wieder den Eindruck gewonnen, daß das vereinbarte Schlichtungswesen der Sozialpartner, so wertvolle Dienste es schon bisher geleistet hat, noch ausbaufähig und ausbaubedürftig ist. Insbesondere fehlt eine unabhängige oberste Schlichtungsinstanz, die aus einer gemeinsamen Initiative der Sozialpartner hervorgehen sollte. Nähere Einzelheiten finden Sie in den Schriften unserer Gesellschaft und in der Festschrift für Nipperdey.

Wir müssen uns endlich darüber klar werden, ob wir eine staatliche Lohnführung und Schlichtung oder eine solche der Sozialpartner wollen. Wenn wir die zweite Möglichkeit vorziehen — und sie ist bei weitem vorzuziehen — dann müssen die Sozialpartner aber auch die volle Verantwortung für die Wahrung wichtiger Interessen der Gesamtheit übernehmen. Und das bedeutet, daß sie die autonome Schlichtung so leistungsfähig machen, wie es nur möglich ist. Bisher ist ihre Zusammenarbeit immer noch ein Torso.

Sehr lehrreich war auch in dieser Beziehung die Neuordnung der Rentenversicherung. Sie bedeutet durchaus keine uneingeschränkte Anerkennung der Sozialen Selbstverwaltung. Gewiß, die Höhe der neufestzusetzenden Renten wird unmittelbar auf den jeweiligen Stand der Lohn- und Gehaltsentwicklung bezogen und ist damit der Verantwortung der Sozialpartner anvertraut. Aber die Änderung der laufenden Renten soll von Fall zu Fall vom Gesetzgeber vorgenommen werden, wenn auch unter Mitwirkung der sozialen Selbstverwaltung.

Das weite Feld der abgeleiteten Einkommen ist also nur teilweise und zögernd zur Entwicklung der Markteinkommen in Beziehung gesetzt worden. Sollte sich hierin nicht vielleicht doch ein gewisser Zweifel äußern, ob die Sozialpartner in ihrer Lohnpolitik tatsächlich immer das Gesamtinteresse hinreichend berücksichtigen? Auch der Vorschlag einer Anpassung der Beamtenbesoldung und der Versorgungsbezüge der Beamten an die wirtschaftliche Entwicklung, der kürzlich gemacht worden ist, zeigt das wachsende Bestreben, Maßstäbe für die Einkommensbemessung zu finden. In der Lohnpolitik der Arbeitgeberverbände und der Gewerkschaften sind aber beiderseits anerkannte Maßstäbe und Grundsätze noch nicht genügend entwickelt. Sie bewegt sich noch weitgehend auf unsicherem Boden. Die Unterlagen für die zu treffenden Entscheidungen sollten durchsichtiger und vertrauenswürdiger werden.

Wir alle bejahen die Freiheit der Verbände und werden auch einmal eine einseitige Entscheidung in Kauf nehmen, wenn besondere partikulare Interessen sie verständlich erscheinen lassen. Die Regel sollte aber eine ständige geordnete Zusammenarbeit sein, die Zusammenstöße mit wichtigen Gesamtinteressen nach Möglichkeit ausschließt. Ist eine Zusammenarbeit ausreichend, wenn erst eine Reihe von Briefen gewechselt werden muß, ob man zu einem Gespräch zusammenkommen soll und was besprochen oder nicht besprochen werden darf? Wirkliche Zusammenarbeit setzt voraus, daß keine Seite der Aussprache über eine Frage, die zum beiderseitigen Interessengebiet gehört, ausweicht. Es liegt bei den Sozialpartnern selbst und in erster Linie an der Art ihrer Zusammenarbeit, ob sie den Einfluß auf die Einkommensentwicklung, der ihnen mit der Regelung der Arbeitsbedingungen anvertraut ist, auf die Dauer wahren können. Wir hoffen und wünschen es alle.

Nun komme ich zu dem Thema unserer Vorträge. Es lautet: „Freiheit und Bindung im kollektiven Arbeitsrecht", berührt also das schicksalsschwere, die Menschheit spaltende Problem: Der Einzelne und die Gemeinschaft, das sich, wie überall im Leben, auch im Arbeitsrecht stellt. Wir haben uns in der Bundesrepublik für eine richtig verstandene Freiheit des Einzelmenschen entschieden, die ja allein ihm Würde und Persönlichkeit verleihen kann. Der Einzelne soll sich seiner persönlichen Verantwortung für sein Tun und Lassen bewußt sein. Trotzdem brauchen auch wir in diesem Massenzeitalter Zusammenfassungen auf betrieblicher und überbetrieblicher Ebene, wenn wir den wirtschaftlich schwachen Arbeitnehmer schützen, wenn wir ihn am betrieblichen Geschehen und an der Ordnung der Arbeitsbedingungen beteiligen wollen.

Die Kollektivierung beruht teilweise auf gesetzlicher Grundlage wie die Betriebsverfassung, teils liegt sie in der Hand von freien, im Wege der Selbsthilfe geschaffenen Gewerkschaften und Arbeitgeberverbänden, deren Tarifvereinbarungen dann wieder durch staatliche Allgemeinverbindlichkeitserklärung über den Mitgliederbereich hinaus Geltung erlangen können. Die den Tarifverträgen und Betriebsvereinbarungen zuerkannte Unabdingbarkeit beschränkt nun die Vertragsfreiheit der einzelnen Arbeitgeber und Arbeitnehmer. Es bedarf daher einer sorgfältigen Grenzziehung zwischen den Aufgaben und Befugnissen der Kollektivvertretungen und denen des einzelnen Arbeitgebers und Arbeitnehmers. Die Beschränkung der Vertragsfreiheit des Einzelnen darf nicht weiter gehen, als es zur Erreichung des Gemeinschaftszweckes notwendig ist. Denn der Einzelmensch ist ja der Ausgangspunkt und Zweck der ganzen Ordnung, und der Zusammenschluß ist nur soweit berechtigt, wie er ihm dient und ihn fördert.

Das ist in aller Kürze der grundsätzliche Hintergrund unserer gesetzlichen Regelung, deren Einzelheiten nun von den Herren Vortragenden behandelt werden sollen.

Freiheit und Bindung im kollektiven Arbeitsrecht
Historische und arbeitsrechtliche Betrachtung
Von Professor Dr. Rolf Dietz, Münster (Westf.)

A I.

1. Wenn die Gesellschaft für Sozialen Fortschritt ihre diesjährige Jahresversammlung unter das Thema Freiheit und Bindung im kollektiven Arbeitsrecht gestellt und mich gebeten hat, dazu unter historischer und arbeitsrechtlicher Sicht etwas zu sagen, so ist damit offensichtlich das Problem der Grenze zwischen Kollektivgestaltung im Arbeitsrecht und dem Bereich angesprochen, der dem Einzelnen zur selbstverantwortlichen Gestaltung vorbehalten bleiben muß. Denn das Verhältnis des Kollektivrechts zum Staat haben wir 1951/52 besprochen.

Dabei scheint es mir schon bedeutungsvoll, daß wir uns fragen, o b es in dieser Richtung eine Grenze des kollektiven Rechts gibt, wo die Kollektivmacht der Freiheit des Individuums weichen muß. Denn die Frage geht, so wie sie gestellt ist, doch von der Vorstellung aus, daß die Möglichkeit der kollektiven Gestaltung eine grundsätzlich umfassende ist — daß eigentlich alles, was durch Einzelarbeitsvertrag geregelt werden kann, auch durch Kollektivvertrag gestaltet werden kann —, wie man häufig formuliert, um den Bereich der sogenannten Inhaltsnormen eines Tarifvertrages abzustecken.

2. Das war nicht immer so. Vor 100 Jahren gab es, zumindest bei uns, so etwas wie eine kollektive Gestaltung der Arbeitsverhältnisse noch nicht. Koalitionen, Gewerkschaften wie Arbeitgeberverbände, waren verboten. Dabei glaube ich, daß dieses Verbot zu leicht vom heutigen Standpunkt aus und damit nicht immer unter einem richtigen Blickwinkel gesehen wird, nämlich nur als Ausdruck einer kollektivfeindlichen, gewerkschaftsfeindlichen Einstellung des damaligen Gesetzgebers und der allgemeinen Meinung. Es scheint mir zweifelhaft, ob man die G e g n e r s c h a f t, das „Anti" als das Entscheidende ansehen darf. Ging nicht vielmehr das Anliegen, das das Gesicht der damaligen Zeit in dieser Richtung bestimmte, auf die Sicherung der F r e i h e i t des Individuums? Sollte nicht vor allem dieses — wie man sagte — sein Geschick selbst in die Hand nehmen und deshalb in dieser Freiheit geschützt werden, und zwar — nachdem die Bevormundung durch den Staat und die Zünfte gefallen war — nun gegen

neu entstehende Verbände, gegen neue Bindungen — wenn man ein viel später gebrauchtes Wort verwenden will — gegen neue soziale Gewalten?

Wir wissen alle, daß diese Einstellung auf der Annahme beruhte, daß alle Bürger gleichberechtigt seien und durch freie Verträge ihr Schicksal gestalten könnten, daß aber diese Auffassung scheitern mußte, weil sie die wirtschaftliche Ungleichheit der Menschen, und zwar gerade zwischen Arbeitgebern und Arbeitnehmern, ignorierte.

Die mehr oder minder erzwungene Einsicht in die tatsächliche Unrichtigkeit der Voraussetzungen für die Verwirklichung dieser Konzeption führte dann doch zum Zusammenschluß vor allem der Arbeitnehmer in den Gewerkschaften zunächst g e g e n das Gesetz, dann unter Duldung des Gesetzgebers, schließlich unter seiner Anerkennung und endlich sogar der Garantie in der Weimarer Verfassung. Auf der anderen Seite entwickelten sich die Arbeitgeberverbände — aber doch gleichsam nur sekundär durch das Auftreten der Gewerkschaften bedingt, vielleicht sogar bestimmt.

Wesentlich scheint mir also in dem uns hier interessierenden Zusammenhang, daß eigentlich schon am Anfang das Auftreten von kollektiven Mächten geistesgeschichtlich in einer Auseinandersetzung mit der Individualsphäre des Einzelnen steht. In dieser Auseinandersetzung hat das Kollektivrecht immer mehr Boden gewonnen, so daß sich jetzt gleichsam vor dieser Übermacht die Frage stellt, ob überhaupt ein Rest geblieben ist, der dem Individuum vorbehalten bleibt.

3. a) Daß und wie sich im Laufe der zweiten Hälfte des 19. Jahrhunderts die Koalitionen durchgesetzt haben, daß es zum Ende des vergangenen Jahrhunderts zum Abschluß der ersten Tarifverträge gekommen ist, ist zu bekannt, als daß es hier im einzelnen dargestellt werden müßte. Man schätzt, daß bei Ausbruch des ersten Weltkrieges in Deutschland durch Tarifverträge etwa 200 000 Betriebe und 2 Millionen Arbeitnehmer erfaßt worden sind.

Allerdings waren das noch keine Tarifverträge im heutigen Sinne. Es gab für sie noch keine besondere Rechtsfigur. Es waren schuldrechtliche Verträge, die kein objektives Recht für die Arbeitsverhältnisse setzen konnten, sondern nur für die Verbände die Verpflichtung begründeten, auf ihre Mitglieder einzuwirken, daß diese die verabredeten Bedingungen ihren Arbeitsverträgen zugrundelegten. Nur wenn diese das taten, galten die Tarifbedingungen auch wirklich; d. h. die tariflichen Bestimmungen hatten weder unabdingbare noch überhaupt unmittelbare Wirkung. Sie bedurften der Umsetzung in den Einzelarbeitsvertrag. Aber deshalb waren sie nicht etwa noch keine Erscheinungen des kollektiven Rechtes. Denn dazu gehört sicher nicht die Unabdingbarkeit, wie ja früher auch die Betriebsvereinbarungen nach durchaus h. L. abdingbar gewesen sind. Auch die Notwendigkeit einer Umsetzung in die Einzelarbeitsverträge bedeutet nicht, daß wir es nicht mit Kollektivrecht zu tun haben. So etwas tritt uns auch woanders entgegen. Ich denke dabei an die so oft apostrophierte betriebliche Übung, an den Gleichbehandlungsgrundsatz, auf den ich noch zurückkommen werde. Auch bei ihm handelt es sich doch um Kollektivrecht besonderer Prägung, das nur in der Umformung in Einzelarbeitsverhältnisse sich realisieren kann.

b) Auch im Bereich des **einzelnen Betriebes** sind zur gleichen Zeit, in der Wende vom 19. zum 20. Jahrhundert, die Ansätze einer kollektiven Gestaltung festzustellen. Die Novelle zur Gewerbeordnung in den 90er Jahren sah Arbeiterausschüsse vor. Sie gewannen allerdings keine große Bedeutung, da sie nur im Einverständnis mit dem Arbeitgeber eingerichtet werden konnten. Wo sie aber bestanden, bedurfte der Arbeitgeber ihres Einverständnisses zum Erlaß der Arbeitsordnung. Bald nach der Jahrhundertwende wurden aber diese Ausschüsse im Bergbau schon obligatorisch.

In diesen Arbeitsordnungen, die noch in dem Katalog des § 56 BetrVG durchscheinen, waren nicht nur die wichtigsten Bestimmungen über die Ordnung in den Betrieben niederzulegen; es mußten auch so wesentliche materiell-rechtliche Bedingungen wie die Vermehrung der Gründe, die zu einer fristlosen Entlassung berechtigten, in ihnen getroffen werden.

4 a) Aber die eigentliche **Entwicklung zum kollektiven Arbeitsrecht**, so wie es heute vor uns steht, setzte im ersten Weltkrieg ein: Zunächst die Anerkennung der Gewerkschaften durch den Staat im Zusammenhang mit dem Hilfsdienstgesetz und gleichzeitig damit die obligatorische Einführung von Arbeiter- und Angestelltenausschüssen in den Hilfsdienstbetrieben.

b) Den endgültigen Durchbruch brachte 1918 die Tarifvertragsverordnung, die dem Tarifrecht die trotz aller Verfeinerung auch heute noch maßgebliche Grundlage gab. Die Bestimmungen des Tarifvertrages erlangten damals den Charakter objektiven und zugunsten der Arbeitnehmer einseitig zwingenden Rechtes. Allerdings galt das damals nur für Bestimmungen, die sich mit dem **Inhalt der Arbeitsverhältnisse** befaßten.

Sie galten entsprechend ihrem Erlaß durch Verbände, genau so wie heute, grundsätzlich nur für die Mitglieder der beiden Tarifvertragsparteien. Aber dieses auf den Verbänden aufbauende Kollektivrecht überschritt alsbald in einem wohl vom Gesetzgeber ursprünglich nicht vorgesehenen Umfang diesen Bereich, als in weitem Maße Tarifverträge für **allgemein verbindlich** erklärt wurden, wodurch auch Nichtmitglieder ihren Regeln unterworfen wurden. Es liegt auf der Hand, daß damals wie heute diese Allgemeinverbindlicherklärung vom Grundsätzlichen her gesehen eine außerordentliche Ausweitung der Kollektivmacht bedeutet.

c) Zur selben Zeit, 1920, erging das Betriebsrätegesetz, das in den Betriebsräten gleichfalls ein kollektivrechtliches Organ, nämlich ein solches der Belegschaft einführte. Und auf diesem Boden entstand die B e t r i e b s v e r e i n b a r u n g als ein Kollektivvertrag des Betriebes. Auch durch sie konnte für die Einzelarbeitsverhältnisse objektives Recht gesetzt werden. Allerdings hatte dieses, abgesehen von bestimmten Vorschriften der Arbeitsordnung, keine unabdingbare Wirkung, d. h. es konnte auch zuungunsten der Arbeitnehmer durch Vertrag abgewichen werden. Das bedeutete, im Rangverhältnis ging der Einzelvertrag der Bestimmung durch die Betriebsvereinbarung vor.

5. Nicht die Betriesvereinbarung, wohl aber der Tarifvertrag stand damals wie heute unter dem Zeichen der verfassungsrechtlich gewährleisteten K o a l i t i o n s f r e i h e i t. Dabei entsprach es der damals herrschenden Ansicht, daß die in der Verfassung garantierte Koalitionsfreiheit nur die sogenannte positive Koalitionsfreiheit umfaßte, d. h. die Freiheit, sich zu Koalitionen zusammenzuschließen, daß aber die negative Koalitionsfreiheit, d. h. die Freiheit, einer Koalition fernzubleiben, nicht den besonderen Schutz der Verfassung genoß.

Darauf, daß das Kollektivrecht gegen Ende der sogenannten Weimarer Zeit Verfallserscheinungen aufwies, da in immer größerem Umfang an die Stelle der ausgehandelten Tarifverträge der Schiedsspruch, dann sogar der Einmannschiedsspruch und die staatliche Verbindlichkeitserklärung traten, ist hier nicht einzugehen.

II.

1. Nach 1945 entwickelte sich sehr bald wieder ein kollektives Arbeitsrecht. Dabei kann es hier außerhalb der Darstellung bleiben, wie sich aus einem anfangs sehr engen Raum tariflicher Gestaltungsmöglichkeit der Bereich immer mehr und mehr erweiterte und schließlich die von den Besatzungsmächten gesetzten Grenzen fielen.

2 a) Aber dann überschritt das Kollektivrecht sehr bald den Rahmen, der ihm vor 1933 gesetzt war. Der Bereich, der heute durch Tarifvertrag normativ gestaltet werden kann, ist wesentlich größer. Nicht nur können betriebliche und betriebsverfassungsrechtliche Fragen normativ gestaltet werden, sondern, was vor allem für unser Thema bedeutungsvoll ist, auch Gebote und Verbote für den Abschluß von Einzelarbeitsverträgen.

b) Auch auf der E b e n e d e s B e t r i e b e s wurde nicht nur der alte Zustand wiederhergestellt, sondern das kollektive Recht neu begründet und gegenüber dem früheren Zustand in wesentlich weiterem

Bereich. Das Mitspracherecht der Betriebsräte hat die Grenzen, die ihm früher gesetzt waren, weit hinter sich gelassen. Dabei scheint es mir bedeutungsvoll, daß die Ausübung dieses Mitspracherechts in viel stärkerem Maße als früher Ausdruck eines kollektiven Handelns ist, daß der Betriebsrat kollektive Rechte und Interessen wahrnimmt und nicht so sehr Interessen der einzelnen Arbeitnehmer. Das zeigt sich nicht nur in der Ausgestaltung des Kündigungsrechtes. Der eigentliche Kündigungsschutz ist ausgesprochen individuell gestaltet, und die Einschaltung des Betriebsrates liegt auf der kollektiven Ebene. Darüber hinaus tritt vor allem im Bereich der sogenannten personellen Angelegenheiten deutlich in Erscheinung, daß die Mitwirkung des Betriebsrates sich einmal auch gegen die Interessen des Einzelnen richten kann, etwa ein Einspruch gegen eine Einstellung, gegen eine Höhergruppierung, eben aus kollektiver Schau heraus.

Wichtig ist in diesem Zusammenhang vor allem aber, daß nach der heute wohl herrschenden Ansicht die Bestimmungen einer Betriebsvereinbarung unabdingbar sind, genau so wie die eines Tarifvertrages, d. h. das Rangverhältnis ist eindeutig zugunsten der Betriebsvereinbarung entschieden.

c) Auch die allenthalben festzustellende Ausweitung des Gleichbehandlungsgrundsatzes scheint mir Ausdruck eines Vordringens des kollektiven Rechtes zu sein, wenigstens, wenn man unter dem kollektiven Recht nicht nur ein solches versteht, das eine einheitliche Setzung verlangt. Denn auf welche andere Grundlage als auf eine kollektive Überlegung läßt es sich zurückführen, daß ein Arbeitnehmer, der nach seinem Arbeitsvertrag keinen Anspruch auf eine Weihnachtsgratifikation hat, doch einen solchen geltend machen kann, nur deshalb, weil ihn andere haben? Das kann sich doch allein daraus ergeben, daß er einem Kollektiv, nämlich der betrieblichen Gemeinschaft, angehört und daß dann, wenn sich dort gewisse Regeln entwickelt haben, sie auch für ihn in Betracht kommen, wenigstens insoweit, als die Nichtanwendung dieser Regel eine Diskriminierung in sich schließen würde.

B I.

1. Gerade weil sich heute, und heute erst recht, eine Ausbreitung der kollektiven Gestaltung im Arbeitsrecht allenthalben zeigt, stellt sich nun gleichsam unter konträrem Vorzeichen gegenüber der Situation vor 100 Jahren die Frage, ob es neben diesem umfassenden Bereich kollektiver Gestaltungsmöglichkeit ein Gebiet gibt, das a u s - s c h l i e ß l i c h der individuellen Gestaltung vorbehalten ist und eine solche durch Kollektivrecht ausscheidet. Dabei wollen wir uns auf das Einzelarbeitsverhältnis beschränken.

Diese Fragestellung ist — wie mir scheint — insofern bedeutungsvoll, als das Bonner Grundgesetz viel stärker als die Weimarer Reichsverfassung den Menschen und seine Entfaltung in den Mittelpunkt der Rechtsordnung stellt. Art. 1 BGG, der die Wahrung der Menschenwürde, und Art. 2 BGG, der die freie Entfaltung der Persönlichkeit postuliert, bilden den eigentlichen Kern der Grundrechte, demgegenüber die folgenden Grundrechtbestimmungen gleichsam nur als Entfaltung erscheinen. Der Mensch in seiner Würde, wie Art. 1 ihn apostrophiert, ist das Individuum; ganz unabhängig davon, ob ein Teil der Bestimmungen auch auf juristische Personen anzuwenden sind. Und wenn man den Satz geprägt hat, das BGG habe das Prinzip aufgestellt, daß der Staat um des Menschen willen und nicht der Mensch um des Staates willen da sei, so gilt wohl auch ein ähnliches Verhältnis zwischen dem Menschen und dem Kollektiv. Das will nicht heißen, daß etwa der Gesetzgeber gegen die kollektiven Mächte einen Damm hat aufrichten wollen. Dafür findet sich sicher kein Anhaltspunkt. Aber die Postulation der Würde des Menschen, und die damit auch zum Ausdruck kommende Anerkennung des Individuums in seiner Entfaltung durch eigene Gestaltung, muß sich in dem Bereich, den wir erörtern, auswirken.

2. Es kann selbstverständlich nicht meine Aufgabe sein, auch nur den Versuch einer erschöpfenden Darstellung zu machen, ja nur einer halbwegs erschöpfenden Aufzählung der Fragen zu bringen, bei denen ein solches Grenzproblem auftritt oder auftreten kann. Es kann sich immer nur darum handeln, einige bedeutsame Erscheinungen herauszustellen, wobei vielleicht gar nicht immer etwas Neues gesagt, sondern nur hier und dort ein neues Licht gesetzt wird.

Dabei mag noch einmal betont werden, daß es sich hier um die Aufzeichnung einer Grenzlinie handelt, und zwar in dem Sinne, daß die Zuständigkeit des Kollektivrechts zur Gestaltung der Arbeitsverhältnisse grundsätzlich umfassend ist und es sich nur um einen gewissen Vorbehalt zugunsten der Individualgestaltung handeln kann.

II.

1. Unter diesem Gesichtspunkt mag sofort das Problem der **negativen Koalitionsfreiheit** aufgegriffen werden. Während — wie bereits erwähnt — die überwiegende Meinung dahin ging, daß die Weimarer Verfassung nur die positive Koalitionsfreiheit garantierte, steht die überwiegende Meinung heute auf dem Standpunkt, daß Art. 9 Abs. 3 Bonner Grundgesetz die negative Koalitionsfreiheit ebenso umfasse wie die positive. Ich meine, diese Ausdeutung folgt gerade aus dem erwähnten Grundsatz, der das Grundgesetz in seinem ersten Abschnitt beherrscht. Auch Art. 9 ist nur eine Konkretisierung des allgemeinen Freiheitssatzes — und schließt hier, wie sonst auch,

die Freiheit, etwas zu tun, wie auch die, es nicht zu tun, in sich. Demgegenüber handelt es sich bei den sich auch für die Koalitionen aus Art. 9 Abs. 3 ergebenden Rechten nur gleichsam um abgeleitete, sekundäre, aus dem Recht des Einzelnen fließende Rechte.

Der Hinweis auf die historische Entwicklung, auf die sich die gegenteilige Meinung auch heute noch gern beruft, scheint mir kein überzeugendes Argument zu sein nach dem grundsätzlichen Einbruch zwischen 1933 und 1945. Auch hier kam es 1945 nicht darauf an, einfach auf die Zeit vor 1933 zurückzugreifen. Und gerade weil Art. 9 Abs. 3 zweifellos diese Freiheit nicht nur gegenüber dem Staat, sondern gegenüber jedem sichert — während das bei den anderen Grundrechten bekanntlich sehr umstritten ist — meine ich, daß er auch den Schutz gegen die sozialen Gewalten und damit auch die negative Koalitionsfreiheit umfaßt. Diese Allgerichtetheit des Schutzes bezieht sich nicht nur auf den Adressaten, sondern auch auf den Inhalt.

Aber es scheint mir bezeichnend, daß auch diejenigen, die Art. 9 Abs. 3 anders deuten, aus den allgemeinen Bestimmungen der Grundrechte im Ergebnis zu einem sehr wesentlich weiteren, auch letztlich verfassungsrechtlich gewährten Schutz der negativen Koalitionsfreiheit kommen.

2. Es liegt ganz im Zuge dieser Überlegungen, daß unser Tarifrecht nur unter verhältnismäßig strengen Kautelen eine Allgemeinverbindlicherklärung von Tarifverträgen für zulässig erklärt. Denn wie erwähnt bedeutet eine solche Ausdehnung kollektivrechtlicher Normen auf Außenseiter etwas ganz Außergewöhnliches. Hier werden Personen, die den Verbänden nicht angehören, gegen oder doch ohne ihren Willen dem Kollektivrecht unterworfen. Bekanntlich bestanden lange Meinungsverschiedenheiten zwischen den Besatzungsmächten und dem Gesetzgeber des Gemeinsamen Wirtschaftsgebietes in dieser Hinsicht, bis durch einen Kompromiß ein Ausgleich gefunden wurde. Und auch nachdem die Schranken der Besatzungsmacht gefallen waren, hat der deutsche Gesetzgeber nicht ohne weiteres die Allgemeinverbindlicherklärung für zulässig erklärt. Allerdings könnte gegen die hier versuchte Deutung sprechen, daß die Verbände wesentlich eingeschaltet sind. Aber wenn ich richtig sehe, so wollte man damals damit vor allem eine Schranke gegen den Staat aufrichten.

3. Auf eine weitere Bestimmung unseres Tarifrechtes, die mir in diesem Zusammenhang bedeutungsvoll, vielleicht sogar nicht ganz unbedenklich erscheint, mag hingewiesen werden. Das ist § 3 Abs. 3 TVG, der die Tarifgebundenheit über den Zeitpunkt des Ausscheidens aus dem Verband bis zur Beendigung des Tarifvertrages aufrecht erhält. Das kann in Grenzfällen durchaus zu Beschränkungen führen, deren verfassungsrechtliche Zulässigkeit nicht über alle Zweifel erhaben ist.

Man denke an einen Tarifvertrag mit unbestimmter Laufdauer, der nicht gekündigt oder geändert wird. Der Hinweis, daß erfahrungsgemäß die Tarifverträge verhältnismäßig oft einer Änderung unterworfen werden, ist kein Argument gegen das rechtliche Bedenken und selbst im Bereich des Faktischen nur von beschränkter Überzeugungskraft. Wird die rasche Abfolge der Tarifverträge, wie wir sie in den letzten Jahren erlebt haben, immer so sein? Ist nicht eine gewisse Stabilisierung bei den Manteltarifen, insbesondere bei solchen, die von Verbandsverbänden für große Gebiete geschlossen werden, festzustellen? Führt das dann nicht zu einer Bindung, die über das zulässige Maß hinausgeht? Sicher hat die Bestimmung des § 3 Abs. 3 ihren guten Sinn. Sie will verhindern, daß jemand sich der Wirkung eines ihm lästigen Tarifvertrages einfach dadurch entziehen kann, daß er aus dem Verband austritt. Aber ich meine — in aller Konsequenz zu Ende gedacht — ergeben sich aus der Bestimmung doch gewisse Bedenken, wenn man die negative Koalitionsfreiheit als geschützt ansieht, aus Art. 9 Abs. 3, sonst doch auch aus Art. 1 und 2.

III.

1. An einer weiteren Stelle tritt das Problem Möglichkeit kollektivrechtlicher und Vorbehalt individueller Gestaltung hervor: Das ist bei der Frage, ob durch Tarifvertrag Höchstlöhne oder Fixlöhne festgesetzt werden können, oder ob er darauf beschränkt ist, Mindestbedingungen festzulegen. Zwar gehörte es auch vor 1933 zum Bild des Tarifvertrages, Mindestbedingungen festzulegen. Das war seine eigentliche Aufgabe. Man kann — um es überspitzt zu formulieren — sagen, nur deswegen hat man überhaupt den Tarifvertrag erfunden. Aber nach früherem Recht war es immerhin möglich, Höchstlöhne festzusetzen. Nach heutigem Recht ist es ausgeschlossen. Von dem hier behandelten Gesichtspunkt aus stellt sich diese Regelung als Ausdruck der Abgrenzung zwischen kollektiver Gestaltung und individueller Freiheit dar, zwischen dem Bereich, der kollektiv gestaltet werden kann, und dem, der individuell gestaltet werden muß. Das scheint mir wesentlicher zu sein als das Leistungsprinzip, dessen Bedeutung ich gar nicht bestreiten will und das hier auch herangezogen werden mag, aber doch letztlich erst in zweiter Linie. Die kollektive Gestaltung hat die Grenze nach unten, aber nicht die Grenze nach oben zu ziehen. Oberhalb dieses Bereiches soll keine Reglementierung stattfinden, dieses Wort ohne jede Wertung ausgesprochen, sondern dort soll wirklich die Einzelgestaltung, die Anpassung an den einzelnen Fall stattfinden, was nicht Aufgabe des Kollektives ist. Dieser Grundsatz gilt m. E. ganz allgemein für das kollektive Recht und daher auch für die Betriebsvereinbarung. Ihre Normen sind notwendigerweise nur unabdingbar und können keine Grenze nach oben sein.

2. Damit steht — wie ich meinen möchte — ein weiteres Problem in unmittelbarer Beziehung. Das ist die Frage nach der Möglichkeit tariflicher Effektivklauseln, bekanntlich ein sehr umstrittenes Gebiet. Das BAG hat zwar in einer Entscheidung die Zulässigkeit bejaht, aber ich habe den Eindruck, daß damit die Frage noch nicht ausgestanden ist, sicherlich nicht für die Wissenschaft, aber wohl auch nicht für die Rechtsprechung. Dazu setzt sich die Entscheidung zu wenig mit den Bedenken auseinander. Sie konnte es zum Teil gar nicht, weil diese erst im Anschluß an die Entscheidung hervorgetreten und geltend gemacht worden sind.

Das Für und Wider bezüglich der Möglichkeit und der Zulässigkeit von tariflichen Effektivklauseln hier abzuwägen, würde das Thema sprengen. Nur so viel sei in dem uns hier interessierenden Zusammenhang gesagt: Ich meine, solche tariflichen Effektivklauseln greifen in einen Bereich ein, der der individuellen Gestaltung vorbehalten ist. Sie ändern individuell geformte Arbeitsverhältnisse, und zwar auf der Grundlage dieser einzelvertraglichen Abreden, denn sie wollen den durch den Einzelvertrag verabredeten Lohn anheben. Damit verläßt der Tarifvertrag die ihm gestellte Aufgabe, einmal Mindestbedingungen zu setzen, aber vor allem generelle Regeln aufzustellen. Das Günstigkeitsprinzip bedeutet nicht nur, daß der Tarifvertrag der vertraglichen Gestaltung im Raum oberhalb der Mindestbedingungen keine Grenze setzen soll, sondern auch, daß dort überhaupt eine individuelle Gestaltung Platz greifen soll und keine Regelung, keine Schematisierung, keine Generalisierung. Dort soll im einzelnen gestaltet werden. Das spricht m. E. dafür, solche tariflichen Eingriffe in die individuelle Gestaltung, auch wenn damit die individuellen Verabredungen nicht — um einen in der Literatur verwendeten Ausdruck zu wiederholen — tariflich zementiert, sondern gleichsam nur einmal vorübergehend, tariflich umgestaltet werden, als unzulässig anzusehen.

IV.

Gerade im Hinblick darauf, daß es Aufgabe des kollektiven Rechtes ist, generelle Regeln aufzustellen, meine ich, daß auch der Gleichbehandlungsgrundsatz hierher gehört. Denn auch er ist Ausdruck eines kollektiven Denkens, insofern einem Arbeitnehmer nicht willkürlich ein Anspruch auf eine Leistung versagt werden kann, etwa auf die Weihnachtsgratifikation, auf ein Ruhegehalt, die unter gleichen Umständen alle anderen erhalten, die demselben Kollektiv, der Betriebsgemeinschaft, angehören. Das gilt nicht nur, wenn man, wie Bötticher und Nikisch, in dem Gleichbehandlungsgrundsatz die Auswirkung einer Norm sieht, die der Arbeitgeber durch sein Verhalten gesetzt hat. Auch wenn man in dem Gleichbehandlungsgrundsatz nur eine Konkretisierung der Fürsorgepflicht sieht, eine Pflicht des Arbeitgebers, einen Arbeitnehmer nicht gegenüber allen anderen zu diskriminieren, so ist er Ausdruck eines Kollektivgedankens, er setzt ein Messen an einem den anderen gegenüber getätigten Verhalten voraus.

Wenn auch in diesem Zusammenhang unser Problem aufgegriffen werden soll, so kann es nicht darauf ankommen, im einzelnen darzutun, wann und unter welchen Voraussetzungen der Gleichbehandlungsgrundsatz zum Zuge kommt, sondern wo seine Grenze liegt, jenseits deren nur die individuelle Gestaltung in Betracht kommen kann und er keine Kraft hat. Daß der Gleichheitsgrundsatz einer gegenteiligen Vertragsabrede weicht, ist zweifellos. Es könnte m. E. kein Zweifel sein, daß dann, wenn nach ausdrücklicher Vertragsabrede der Arbeitnehmer keinen Anspruch auf Ruhegehalt haben soll, er ihn nicht unter Berufung auf den Gleichbehandlungsgrundsatz doch erlangt. Aber darauf, daß hier die kollektivrechtliche Gestaltung schwächer ist als die einzelvertragliche, kommt es nicht an. Ich meine, der Grundsatz der Gleichbehandlung kommt überhaupt nur zum Zuge, wo eine Gestaltung durch Arbeitsvertrag nicht erfolgt. Es handelt sich immer nur um eine ergänzende, lückenausfüllende, sekundäre Gestaltung der Arbeitsbedingungen. Er scheidet nicht nur dort aus, wo sich die Inhaltsbestimmung aus dem Vertrag, sondern auch dort, wo sie sich aus anderen Regeln ergibt. Das ist immer der Fall, wo es sich um die essentialia negotii handelt, also bei der Arbeitsleistung und beim Lohn. Die Gestaltung der essentialia negotii ist immer Aufgabe der Parteiabreden oder des gesetzlichen oder kollektiven Normenrechts. Das gilt nicht nur in dem Sinn, daß nicht eine ausdrückliche Lohnabrede mit dem Hinweis auf den Gleichbehandlungsgrundsatz in Zweifel gestellt werden kann, sondern auch in dem Verstande, daß dort, wo eine vertragliche Abrede fehlt, die Lücke nicht aus diesem Gesichtspunkt, sondern aus dem Grundsatz des § 612 BGB geschlossen werden muß.. Das mag zu dem gleichen Ergebnis führen, beruht aber auf einem anderen Grundsatz. Vielleicht will die Deutung, daß der Gleichheitsgrundsatz nur zum Zuge kommt, wo es sich um freiwillige oder — wie man auch sagt — zusätzliche Leistungen des Arbeitgebers handelt, dasselbe sagen.

V.

Ein Problem aus einem ganz anderen Bereich, das aber vielleicht auch hierher gehört, mag aufgezeigt werden. Es besteht bekanntlich Streit, ob das Mitbestimmungsrecht des § 56 BetrVG sich auf die Aufstellung einer R e g e l bezieht oder auch für die e i n z e l n e M a ß - n a h m e gilt. Auf diese Frage, die man auch unter diesem Gesichtspunkt erörtern kann, will ich hier nicht eingehen, da ich meine Meinung in dieser Hinsicht schon sehr dezisiv geäußert habe. Nur darauf mag hingewiesen werden, wenn man das Problem unter dem Gesichtspunkt der Abgrenzung zwischen Individualrecht und kollektiver Gestaltung betrachtet: ist es wirklich Aufgabe des Betriebsrates, bei einer einzelnen Maßnahme, soweit sie sich auf den einzelnen Arbeitnehmer bezieht, mitzuwirken, oder gehört nicht auch das in den Bereich der individuellen Gestaltung, und ist dem Kollektivrecht nicht vielmehr die generelle Regelung vorbehalten? Aber darauf will ich nicht eingehen, sondern auf etwas ganz anderes — und einen Fall herausgreifen, bei dem sich schon aus dem Wortlaut des Gesetzes ergibt, daß es sich um die Aufstellung von Grundsätzen, von Regeln handelt, um die Bestimmung des Akkordgrundsatzes. Ist, so könnte man die Frage unter dem hier interessierenden Gesichtspunkt stellen, die Aufstellung solcher Grundsätze etwa Voraussetzung für die Möglichkeit des Abschlusses eines Akkordvertrages? Kann also in einem Betrieb überhaupt nur dann im Akkord gearbeitet werden, wenn eine Verständigung zwischen Arbeitgeber und Betriebsrat über die Akkordgrundsätze getroffen worden ist? Ich glaube, das ist nicht der Fall. Mögen auch die vom Betriebsrat und vom Arbeitgeber aufgestellten Grundsätze unabdingbar sein, und mag darum eine Vertragsabrede zuungunsten des Arbeitnehmers ausscheiden, so meine ich doch, daß der Vorrang des kollektiven Rechtes nicht so weit geht, daß auch die Abschlußfreiheit genommen ist und überhaupt kein Akkordvertrag abgeschlossen werden kann, solange keine Regelung besteht. Das würde noch über die Wirkung tariflicher Abschlußgebote und Abschlußverbote hinausgehen.

VI.

Handelt es sich in dem bisher behandelten Bereich gleichsam um generelle Grenzziehung unter allgemeinen Gesichtspunkten, so ist in letzter Zeit, vor allem durch die Untersuchung von S i e b e r t, die Frage aufgeworfen worden, ob es gewisse Bereiche gibt, die um ihres Gehalts willen der Gestaltung durch kollektive Mächte entzogen sind.

Dabei ist Ausgangspunkt der Überlegungen, daß das kollektive Recht es nur mit der Gestaltung der Arbeitsverhältnisse zu tun hat — abgesehen von den betrieblichen und betriebsverfassungsrechtlichen Fragen, die hier außer Betracht bleiben.

1. Hält man daran fest, scheidet die Gestaltung von Ruhegehaltsverhältnissen aus, allerdings nur in dem Verstande, daß damit bereits bestehende Ruhegehaltsverhältnisse gemeint sind, nicht auch in dem Sinne, daß durch Kollektivvertrag nicht die Arbeitsverhältnisse dahin bestimmt werden, daß der Arbeitnehmer nach Ausscheiden aus dem Betrieb in ein Ruhegehaltsverhältnis bestimmten Inhalts tritt. Insofern stimme ich der Entscheidung des BAG, das eine Gestaltung von Ruhegehaltsverhältnissen durch Betriebsvereinbarungen ausschließt, zu. Das gleiche muß für Tarifverträge gelten.

2. Viel wichtiger und bedeutungsvoller ist die Frage, ob durch einen Tarifvertrag in einen bereits entstandenen Lohnanspruch eingegriffen werden kann, wobei unter entstandenem Lohnanspruch, wenn ich recht sehe, allgemein ein Lohnanspruch für bereits geleistete Arbeit verstanden wird. Frage: Kann durch einen Tarifvertrag rückwirkend dieser Lohnanspruch geändert werden? Das wird zum Teil verneint, soweit es sich um eine Herabsetzung des Lohnes handelt, während keine Bedenken erhoben werden, wenn eine Heraufsetzung des Lohnes in Frage steht. Dabei wird die letzte Frage — soviel ich übersehe — überhaupt nicht diskutiert. Die Verneinung der ersten Frage wird meist damit begründet, daß die Tarifvertragsparteien nicht in einen bereits bestehenden Lohnanspruch eingreifen können. Dieser habe sich bereits von dem Arbeitsverhältnis abgelöst und sei selbständig geworden. Das scheint mir aber nicht ganz überzeugend. Wird nicht vielmehr das Arbeitsverhältnis, das ja noch besteht, nur dahin geändert, daß der Lohn in einer anderen, und zwar rückwirkend in einer anderen Höhe geschuldet wird? Ist es wirklich so wesentlich, ob dieser Lohn rückwirkend herauf- oder herabgesetzt wird? In beiden Fällen wird doch das vorhandene Arbeitsverhältnis dahin geändert, daß die daraus entspringenden Ansprüche andere werden, und die Rückwirkung bedeutet doch nur, daß das gegenwärtige Arbeitsverhältnis jetzt so umgestaltet wird, als ob es früher schon umgestaltet worden wäre. Das bedeutet eine modifizierte Änderung des jetzt vorhandenen Rechtsverhältnisses. Dabei steht nicht zur Debatte, ob eine solche rückwirkende Herabsetzung praktisch ist, sondern nur, ob sie rechtlich möglich ist. Die Begründung, daß der Lohnanspruch sich bereits vom Arbeitsverhältnis gelöst hat, kann m. E. nicht durchschlagen, zum mindesten keine unterschiedliche Behandlung der Herabsetzung oder Erhöhung begründen.

Eine andere Frage ist, ob sich ein Unterschied unter dem Gesichtspunkt des Günstigkeitsprinzips ergibt. Hier stellt sich aber sofort eine andere Schwierigkeit entgegen; denn es besteht Einhelligkeit, daß das Günstigkeitsprinzip nur für das Verhältnis zwischen zwei verschiedenen Bestimmungsgründen, Tarifvertrag — Einzelarbeitsverhältnis, gilt, aber nicht maßgeblich ist für die Frage, welcher von zwei gleichgeordneten Normenkomplexen zum Zuge kommen kann. Ich sehe also keine Möglichkeit, hier unterschiedlich zu entscheiden, und meine, in beiden Fällen ist eine tarifliche Gestaltung möglich, soweit das Arbeitsverhältnis noch besteht.

Dagegen habe ich entgegen der herrschenden Meinung grundsätzliche Bedenken, soweit sie eine Einwirkung rückwirkender Bestimmungen eines Tarifvertrages auch auf schon aufgelöste Arbeitsverhältnisse für möglich hält. M. E. fehlt hier das Substrat, das Arbeitsverhältnis, auf das die Norm im Augenblick ihrer Entstehung einwirken kann. Denn die Rückwirkung hat mit der Frage, wann die Wirksamkeit der Norm eintritt, d. h. wann die Norm existent wird, nichts zu tun. Voraussetzung der Wirkung der Norm ist, daß in diesem Augenblick noch etwas da ist, das sich ihrer Gestaltungskraft darbietet. Ist das Arbeitsverhältnis beseitigt, dann fehlt es an dieser Voraussetzung für die Anknüpfung der Normenwirkung. Der Hinweis auf den Wegfall der 14. DVO zum AOG scheint mir gegenüber diesen grundsätzlichen Bedenken nicht durchzuschlagen. Es handelte sich lediglich um eine positivistische Bestimmung, die über ihren unmittelbaren Geltungsbereich hinaus nicht von Bedeutung ist noch war.

3 a) Andererseits gibt es auch sonst Bereiche, die sich einer kollektiven Gestaltung entziehen. So ist sicher ein Verzicht auf einen bereits entstandenen Lohnanspruch im eigentlichen Sinne durch einen Kollektivvertrag (was mit der Rückwirkung in dem oben gemeinten Sinne nichts zu tun hat) nicht möglich, denn hier wird der Lohnanspruch in seiner Isoliertheit und in seiner Losgelöstheit vom Arbeitsverhältnis, nicht etwa in seiner Entstehung betroffen.

b) Ebenso wäre eine kollektive Bestimmung, etwa daß der Vorsitzende des Betriebsrates bevollmächtigt wäre, die Lohnansprüche geltend zu machen, ausgeschlossen. Denn auch dabei handelt es sich nicht mehr um die Gestaltung des Lohnanspruchs, sondern um das Problem der Geltendmachung des Lohnanspruchs in seiner Isolierung.

c) Zweifelhaft scheint es, ob auch eine kollektive Verabredung ausgeschlossen ist, daß der Arbeitnehmer seinen Lohn in einer gewissen Weise verwenden muß. Eigentlich spricht alles dagegen, denn die Verwendung eines Anspruchs ist nicht mehr eine Frage der Gestaltung des Arbeitsverhältnisses. Immerhin mag die Frage nicht ganz a limine verneint werden, etwa wenn es sich darum handelt, daß der Arbeitnehmer einen gewissen zusätzlichen Beitrag zu einer Pensionskasse oder zu einer sonstigen Wohlfahrtseinrichtung zu leisten hat, während der Arbeitgeber einen anderen gleichen oder ähnlichen Zuschuß zu geben hat, d. h. also, wenn der Zweck der Verwendung mit dem Arbeitsverhältnis unmittelbar zusammenhängt.

d) Andererseits scheint es mir zu weit zu gehen, wenn Siebert eine tarifliche Abrede über die Unabtretbarkeit des Lohnanspruchs für ausgeschlossen hält. Ich meine, eine solche Abrede ist zulässig, denn es handelt sich dabei nach der Grundkonzeption unseres Gesetzes entsprechend § 399 BGB um eine unmittelbare Gestaltung des Arbeitsverhältnisses bzw. des aus ihm entspringenden Lohnes. Daß sie wirtschaftlich insbesondere Fragen des Gläubigerinteresses einschließt, ist nicht durchschlagend. Entscheidend ist die Zuständigkeit des Kollektivrechts zur Gestaltung des Einzelarbeitsverhältnisses. Nur das scheint mir tragend zu sein, nicht etwa die Überlegung, daß der Arbeitgeber an einer solchen Abrede mit Rücksicht auf eine Belastung des Lohnbüros ein Interesse haben kann.

VII.

Zweifellos gibt es noch eine ganze Reihe von anderen Problemen. Aber eine erschöpfende Darstellung kann sowieso nicht gegeben werden, und das, was ich gesagt habe, kann nur beispielhaft gemeint sein. Dabei schälen sich, wie ich meine, zwei große Gruppen heraus, bei denen der kollektiven Gestaltung eine Grenze gesetzt ist, nämlich all das, was durch die negative Koalitionsfreiheit gedeckt ist — Beschränkung der Allgemeinverbindlicherklärung, das aus § 3 Abs. 3 TVG aufgeworfene Problem, weiter das Günstigkeitsprinzip, daß durch Tarifvertrag und durch Betriebsvereinbarung nur Mindestnormen und nur generelle Normen gestaltet werden können — und zweitens, daß letztlich die kollektiv-rechtlichen Abreden, soweit es sich um den Einzelnen handelt, sich auf die Gestaltung des Arbeitsverhältnisses konzentrieren müssen und alles, was damit nicht mehr zusammenhängt, aus ihrer Machtbefugnis fällt. Nicht als ob mit diesem Schema alles erfaßt werden könnte, so z. B. ist das Problem der Grenze für den Geltungsbereich des Gleichbehandlungsgrundsatzes damit nicht erfaßt, aber ich meine, daß damit schon einige Komplexe getroffen sind, die uns einen Anhaltspunkt geben, wo wir die Grenze ziehen müssen.

Freiheit und Bindung im kollektiven Arbeitsrecht
Philosophische und gesellschaftspolitische Betrachtung
Von Prof. Dr. Oswald von Nell-Breuning, Frankfurt a. M.

Mein Vorredner hat den Fragestand des ihm gestellten Themas folgendermaßen gefaßt: ob bzw. inwieweit im arbeitsrechtlichen Bereich die Kollektivmacht der Freiheit des Individuums weichen muß. Auf diese Frage hat er die Antwort gegeben. Der mir aufgetragenen philosophischen und gesellschaftskritischen Betrachtung muß ich wohl nunmehr einen etwas anderen Fragestand unterlegen. Ich glaube, es liegt dies zwingend in der Aufgabe, wie sie mir in dem vielleicht etwas hochtrabend formulierten Thema gestellt ist. Ich möchte also den Fragestand, wie ich ihn verstehe, folgendermaßen kennzeichnen: inwieweit steht die ganze Entwicklung, die wir mit dem Namen der Arbeiterbewegung, näherhin Gewerkschaftsbewegung, bezeichnen und die im Laufe eines Jahrhunderts zu dem geführt hat, was wir heute kollektives Arbeitsrecht nennen, im Zeichen der Freiheit, und inwieweit steht sie im Zeichen der Bindung oder gar des Zwanges? Sind die unzweifelhaft vorhandenen und weitgehenden Bindungen, deren Inhalt und deren Grenzen mein Vorredner in seinem Referat vor uns entwickelt hat, als Beeinträchtigung der Freiheit oder sind sie vielleicht ganz im Gegenteil als Voraussetzung und als Sicherung der Freiheit zu verstehen? Gibt es überhaupt, gibt es insbesondere im heutigen öffentlichen, staatlichen und gesellschaftlichen Leben, speziell im Arbeitsleben, eine Freiheit ohne Bindung, eine Freiheit des Einzelnen, die nicht durch seine Zugehörigkeit zu einer Gemeinschaft, in die er gebunden ist und die ihn durch diese Gebundenheit stützt, gesichert werden müßte und tatsächlich nur auf diese Weise überhaupt gesichert werden kann?

Es sind also zwei Betrachtungsweisen möglich und, wie ich glaube, berechtigt; ja, ich gehe noch weiter und sage: beide sind meiner Überzeugung nach in dem Sinne notwendig, daß nur beide zusammen der Wirklichkeit gerecht werden. Die eine Betrachtungsweise sieht gewissermaßen die Bindung als Beschränkung der Freiheit, die andere sieht sie als deren Voraussetzung und Sicherung. In der ersteren Betrachtungsweise erscheinen Freiheit und Bindung gewissermaßen als Minuend und Subtrahend, und das Interesse konzentriert sich auf die als Ergebnis verbleibende Differenz. In der anderen Betrachtungsweise werden Freiheit und Bindung komplementär oder — um eine zeitweilig sehr beliebt gewesene Ausdrucksweise zu benutzen, polar gesehen, d. i. in einem Spannungsverhältnis, dessen beide Pole in wechselseitiger Zuordnung stehen und zwischen sich das Spannungsfeld erzeugen, auf das unser Interesse sich richtet.

Diese Frage, so verstehe ich die mir zugedachte Aufgabe, soll ich in meinem Referat unter philosophischem und gesellschaftskritischem Gesichtswinkel angehen. So muß ich Sie denn wohl oder übel bitten, mir zunächst auf dem Wege philosophischer Überlegungen zu folgen. Die Überlegungen führen uns unmittelbar an die Kernfrage aller Sozialphilosophie heran, die immer wieder neu gestellte und neu beantwortete Frage nach dem grundsätzlichen Verhältnis von Individuum und Kollektiv. Die oberflächliche Philosophie der sog. öffentlichen Meinung schwankt zwischen zwei Einseitigkeiten hin und her. Bald erhebt sich das Individuum zum Selbstzweck und drückt das Kollektiv, mag es Gesellschaft oder Gemeinschaft firmieren, auf die Stufe des bloßen Mittels herab. Bald macht sie aus dem Kollektiv einen Abgott, einen Moloch oder Leviathan, dem alle Persönlichkeitswerte zum Opfer gebracht werden. Die Weimarer Verfassung, insoweit muß ich auf den von meinem Vorredner gegebenen geschichtlichen Überblick noch einmal zurückgreifen, hat den Versuch gemacht, wertneutral eine Stellungnahme zu vermeiden. Der Nationalsozialismus hat Orgien gefeiert in der Vergottung des biologisch-politischen Kollektivs. Die schockartige Reaktion hierauf hat Pate gestanden bei dem Bonner Grundgesetz mit der Folge, daß es an nicht wenigen Stellen einen extremen Individualismus zu proklamieren scheint, wogegen es an gleichfalls nicht wenigen anderen Stellen sich angelegen sein läßt, der Gemeinschaft ihr Recht zu geben, insbesondere in dem mehrfachen, leider noch sehr der konkreten Ausfüllung bedürftigen Bekenntnis zum „sozialen Rechtstaat". Das Bekenntnis zum sozialen Rechtsstaat beinhaltet doch zum mindesten soviel, daß das Recht nicht einseitig die Freiheitssphäre eines atomistisch vorgestellten Individuums bedeutet, sondern die Stellung des Individuums in der Ordnung der Gemeinschaft, von der Gemeinschaft gestützt und getragen, aber ebenso selbst die Gemeinschaft stützend und tragend.

Daß die Grundrechte des Bonner Grundgesetzes für individualistische Ausdeutung anfällig sind, dafür nur das bereits zu Berühmtheit gelangte Beispiel, daß das Grundrecht der Persönlichkeitsentfaltung — selbstverständlich nicht in der höchstrichterlichen Rechtsprechung, aber immerhin in der Literatur — sich bereits die Auslegung hat gefallen lassen müssen, es verbiete Preisregelungen jeglicher Art, denn — ich formuliere jetzt mit Absicht übertreibend — es gehöre zur Persönlichkeitsentfaltung, auch Wucherpreise zu nehmen, wenn man darin die Erfüllung seiner Persönlichkeit finde, ähnlich wie der Gelehrte sie in der Wahrheitserkenntnis und der Künstler in Ausdruck und Gestaltung findet. Wenn das so weiter geht, daß einseitig die individualistische Seite des doch weder gedanklich noch redaktionell ausgereiften Bonner Grundgesetzes herausgestellt und praktiziert wird, besteht dann nicht die ganz ernste Gefahr, daß es wieder zu einem Rückschlag in der öffentlichen Meinung kommt, der uns alsdann leicht zum Opfer des östlichen Kollektivismus und Totalitarismus werden lassen könnte?

Die rechte Ausgewogenheit zwischen dem Selbststand des Einzelnen und seinem ebenso wesenhaften Gliedstand in der Gemeinschaft ist darum heute mehr denn je eine Lebensfrage unseres Volkes, ebensosehr aber eine Grundfrage, vielleicht d i e Grundfrage der Arbeiterbewegung und des Arbeitslebens, der Gewerkschaften und des Arbeitsrechts. Erblicken wir die Freiheit verzerrt im Sinne eines absoluten, d. h. von allen anderen losgelösten, beziehungslosen Wertes? Wollen wir die Freiheit des Menschen und nichts als Freiheit, so daß Freiheit gleichbedeutend wird mit Hemmungslosigkeit und Zügellosigkeit, Freiheit v o n der Gesellschaft und ihrer vernünftigen Ordnung? Oder verstehen wir Freiheit als einen Wert i n der Gesellschaft und i n ihrer Ordnung? Oder deutlicher vielleicht noch so: setzen wir Persönlichkeitsentfaltung gleich mit extremem Individualismus, oder ist Persönlichkeitsentfaltung die Entfaltung und Erfüllung a l l e r im Menschen angelegten werthaften Möglichkeiten? Nicht nur Gebrauch seiner Ellenbogen, sondern — und zwar an erster Stelle — Verwirklichung der ganzen Fülle zwischenmenschlicher Werte, die überhaupt nur dort erblühen, wo der Mitmensch und die Gemeinschaft bejaht werden, wo der Mensch erfährt, daß Dienen mehr ist als Sich-bedienen-lassen und Geben seliger ist als Nehmen, und dieses letztere ganz besonders da, wo das Geben garnicht ein Weggeben und damit einen Verlust bedeutet, sondern wo das Geben bedeutet: teilnehmen lassen an dem, was mitgeteilt alle Teilhabenden reicher macht.

Vielleicht täten wir gut, nicht immer so einseitig und ausschließlich vom Individuum zu sprechen, sondern in der Tat mehr uns an den Begriff der Persönlichkeit zu halten. Wenn wir nämlich vom Individuum sprechen, dann drängt sich fast notwendig die Vorstellung der Geschlossenheit im Sinne von A b geschlossenheit auf, während, wenn wir von der Person, von der Personhaftigkeit sprechen, wir immer beides miteinander vor uns haben, sowohl die Geschlossenheit, die zu dem Selbststand gehört, zu dem Stehen und Ruhen auf sich selbst und in sich selbst, aber ebenso die Geöffnetheit gegenüber anderen. Ich möchte also glauben, daß eine Gefahr darin liegt, wenn wir so einseitig die Antithese Individuum und Kollektiv bilden und nicht erkennen, daß im recht verstandenen Personbegriff eigentlich die Versöhnung der scheinbaren Antithese vollzogen ist.

Die neuzeitliche Gesellschaft hat dem Arbeiter die Freiheit gebracht; zwar nicht die vielgerühmte Freiheit, unter Brücken zu schlafen, woran die Ordnungs- oder Sicherheitspolizei ihn mit Sicherheit hindern würde, wohl aber die Freiheit, in formaler Gleichberechtigung mit dem Arbeitgeber den Arbeitsvertrag zu schließen, in diesem formal freien Vertragsschluß die Bedingungen nach seinem Gutdünken zu setzen bzw. den Vertragsschluß an den vom Arbeitgeber gestellten Bedingungen scheitern zu lassen, die souveräne Freiheit, sich für einen Hungerlohn zu verdingen, oder, wenn ihm das nicht zusagt, mit formal freier Konsumwahl und allem, was dazu gehört, zu verhungern. Für das eben erst aus feudalen Bindungen vielfältiger Art freigelassene, in seiner Vereinzelung ohnmächtige Individuum sind diese Freiheiten von 1789, die Freiheiten des Manchester-Liberalismus, formale Freiheiten; materiellen Gehalt haben sie zunächst nur für die Besitzenden, für das Bürger- und Großbürgertum, während der Arbeiter in seiner Vereinzelung macht- und wehrlos ist. Eben dies ist der Punkt, an dem die Arbeiterbewegung einsetzt. Die Arbeiter schließen sich zusammen, um dank ihres Zusammenschlusses wirklich reale, materiale Freiheit zu erringen. Sie binden sich aneinander, um durch die Bindung zur Freiheit zu gelangen. Bis zum heutigen Tage erleben wir bei keiner gesellschaftlichen Gruppe etwas, das dem Zusammenhalt der Arbeiterklasse vergleichbar wäre. Denken Sie an den Marsch der Walzwerkarbeiter von Hennigsdorf vom 17. Juni 1953 gegen die russischen Panzer in Ostberlin. Oder denken Sie, wie die ungarischen Arbeiter in Budapest und in anderen Städten Ungarns, mit ineinandergehängten Armen eine lebendige Mauer bildend, aktiven und passiven Widerstand leisteten gegen den überlegen bewaffneten bolschewistischen Terror, um ihre Freiheit, die persönliche Freiheit und die nationale Freiheit, wieder zu erringen. Die Bindung von Mann zu Mann ist hier mehr als bloß moralische Solidarität; sie ist zur physischen Bindung geworden. Wer fällt, reißt den Kameraden mit in seinen Fall; wer steht, hält auch den Kameraden aufrecht. Und was ist es, das diese nicht mehr zu überbietende Verbundenheit stiftet? Das Verlangen nach Freiheit, der Kampf um die Freiheit, um die eigene Freiheit und zugleich um die Freiheit der Kameraden.

Es wird so viel geredet, die Freiheit sei unteilbar. Nichts ist falscher als das. Ich kann innerlich frei sein bei äußerer Unfreiheit, aber ebenso auch äußerlich frei sein bei innerer Unfreiheit. Und beide, die innere und die äußere Freiheit, können in vielfältiger Weise gestuft oder geteilt sein. In unserem Falle aber sind die eigene Freiheit und die Freiheit der Kameraden wirklich unteilbar, untrennbar miteinander verbunden. Entweder Freiheit für alle oder Knechtschaft für alle. In diesen Beispielen war es die politische Freiheit, die nur in der engsten und straffsten Bindung aneinander errungen und behauptet werden kann. Im Arbeitsleben aber liegt es nicht wesentlich anders. Der einzelne Arbeiter ist schwach, der Arbeitgeber ist ihm gegenüber übermächtig. Dieses Verhältnis von Schwäche einerseits, Übermacht andererseits läßt keinen Raum für Freiheit des schwächeren Teiles. Erst der gewerkschaftliche Zusammenschluß macht das anders. An die Stelle der vielen einzelnen Schwachen tritt die eine machtvolle Organisation. An die Stelle der einseitigen Macht- und damit Marktüberlegenheit am Arbeitsmarkt tritt das ungleichgewichtige bilaterale Monopol der Arbeitsmarktparteien. Vorher war es ein Hohn, von freiem Arbeitsvertrag, frei ausgehandelten Arbeitsbedingungen usw. zu sprechen; in Wirklichkeit handelte es sich um ein Diktat, dem nicht allein der Arbeiter sich zu unterwerfen hatte, sondern das dem Arbeitgeber ebenso aufgezwungen wurde. Denn auch er war in Wahrheit nicht frei, die Arbeitsbedingungen nach seinem Gutdünken oder auch nach seinem Edelmut oder Gerechtigkeitssinn festzusetzen, sondern er bekam von der Konkurrenz diktiert, was er gewähren konnte und was nicht. Erst die kollektive Vereinbarung der Arbeitsbedingungen hat den Arbeiter zum wirklich freien Verhandlungspartner gemacht und überdies sogar erst die Voraussetzungen geschaffen, unter denen auch der Arbeitgeber einen Verhandlungsspielraum gewann.

Selbstverständlich lauert auf diesem Wege die Gefahr, die Freiheit gegenüber der anderen Arbeitsmarktpartei um den Preis der Unfreiheit gegenüber der eigenen Organisation zu erkaufen, womit die Bedeutsamkeit des im Referat meines Vorredners behandelten Fragenkreises nur erneut unterstrichen wird. Jeder kollektive Abschluß, Gesamtarbeitsvertrag, wie die Schweizer sagen, Tarifvertrag, wie wir ihn nennen, beschränkt unvermeidlich im bestimmten Umfang die Freiheit jedes einzelnen Angehörigen beider beteiligten Tarifparteien, abweichende Vereinbarungen zu treffen. In welchem Umfang dies seit den Anfängen des kollektiven Arbeitsrechts der Fall war und heute nach geltendem Recht der Fall ist, hat mein Vorredner ausgeführt und damit die im engeren Sinn des Wortes arbeitsrechtliche Seite der Angelegenheit abgeklärt. Demgegenüber zeigt die gesellschaftskritische Betrachtung, wie das gleiche kollektive Arbeitsrecht, das diese Beschränkungen mit sich bringt, zuvor überhaupt erst die Freiheit herstellt, allerdings um den Preis, daß sie, die sonst überhaupt nicht wäre, sich gewisse Beschränkungen gefallen lassen muß.

Für die gesellschaftskritische Betrachtung greife ich zwei in jüngster Zeit besonders die öffentliche Diskussion beschäftigende Fragenbereiche heraus: Streik und Mitbestimmung. Wie verhalten sich im Falle des S t r e i k s Kollektivrecht und Individualrecht zueinander? Mein Vorredner hat diese heiß umstrittene Frage nicht in seine Betrachtung einbezogen; er hat sich, wenn ich so sagen darf, auf den

Bereich des Arbeitsfriedensrechts beschränkt und den Bereich des Arbeitskriegsrechts, oder ich sage wohl besser: des Arbeitskampfrechts, ausgeschieden. Die gesellschaftskritische Würdigung kann vom Arbeitskampf nicht absehen, denn er steht für sie geradezu im Brennpunkt des Interesses.

Wir fragen, nachdem die heutige Gesellschaft sich von der Zweiklassengesellschaft zur pluralistischen Gesellschaft der pressure groups fortentwickelt hat: welche Folgen ergeben sich daraus für die Arbeitnehmerschaft in bezug auf die Durchsetzung ihrer berechtigten Forderungen, auf die Sicherung ihrer Freiheit und ihrer gesellschaftlichen Gleichberechtigung? Meiner Überzeugung nach ist in der pluralistischen Gesellschaft der pressure groups für die Arbeitnehmerschaft im wesentlichen immer noch dieselbe Lage gegeben, wie sie in der Zweiklassengesellschaft vor etwa 100 Jahren bestand oder jedenfalls damals durch Karl Marx in das Bewußtsein der Menschen gehoben worden ist, die Tatsache nämlich: die Arbeitnehmerschaft als gesellschaftliche Gruppe ist nach wie vor angewiesen auf das ihr eigentümliche Pressionsmittel des Streiks. Der Streik aber besteht nicht in bloßer Unterlassung. Er besteht nicht darin, daß so und soviele einzelne Arbeitnehmer der Arbeitsstelle fernbleiben, wie ja gelegentlich die Meinung vertreten worden ist, der Streik sei ein bloßes Negativum und infolgedessen auch der rechtlichen Regelung weder bedürftig noch auch fähig. Der Streik, mindestens der heutige Streik, ist notwendig eine organisierte, ja, eine strategisch groß angelegte und bis in die Einzelheiten der Taktik generalstäblerisch geleitete Kollektivmaßnahme. Und nur eine Arbeitnehmerschaft, die bereit ist, notfalls auch schwere Opfer, wie ein Streik sie mit sich bringen oder jedenfalls im Gefolge haben kann, auf sich zu nehmen, die darüber hinaus auch bereit ist, die Weisungen der Streikleitung pünktlichst und genauestens zu befolgen und damit weitgehende, tief in die persönliche Lebensführung des Einzelnen und mittelbar in den Bereich seines Familienlebens eingreifende Beschränkungen seiner freien Entschließung auf sich zu nehmen, nur eine solche Arbeitnehmerschaft darf sich versprechen, die großen Errungenschaften der neuzeitlichen Arbeiterbewegung aufrecht zu erhalten und sie weiter auszubauen.

Nachdem unser verehrter Ehrenpräsident vorhin in seinen einführenden Worten eine Anspielung auf den Streik in Schleswig-Holstein gemacht hat, darf auch ich mir wohl eine Bemerkung dazu erlauben. Mir bereitet an diesem Streik vor allem das eine Kummer, daß bei diesem Streik die Gewerkschaft sich veranlaßt gesehen hat, ihren Mitgliedern, die sie zum Streik aufrief, praktisch alle Opfer, die der Streik für sie hätte mit sich bringen oder im Gefolge haben können, zu ersparen. Darum habe ich mit Vorbedacht die Formulierung gewählt: nur eine Arbeitnehmerschaft, die bereit ist, notfalls auch die schweren Opfer, die ein Streik für sie mit sich bringen oder im Gefolge haben kann, wie wir es bisher gewohnt waren, daß er sie tatsächlich auch mit sich bringe, nur eine Arbeitnehmerschaft, die diese Bereitschaft in sich trägt, darf sich versprechen, die großen Errungenschaften der neuzeitlichen Arbeiterbewegung aufrecht zu erhalten und weiter auszubauen.

Von hier aus erschließt sich der Zugang zu den schwierigen Fragen der doppelten Loyalität gegenüber dem Arbeitgeber bzw. dem arbeitgebenden Betrieb, ohne die ein Betriebsleben nicht möglich ist, und gegenüber der Gewerkschaft. Wir wissen, wie der Arbeiter von heute in diese doppelte Loyalität eingespannt ist, von dieser doppelten Loyalität in Anspruch genommen wird, und wie diese doppelte Loyalität mit ihren manchmal schwer zu vereinbarenden Verpflichtungen ihn u. U. in eine Lage bringen kann, die von ihm als eine nur schwer lösbare Pflichtenkollision empfunden wird. Mir scheint, nur ausgehend von dem gesellschaftlichen Befund, wie ich ihn vorhin gekennzeichnet habe, läßt sich mit Erfolg der Versuch unternehmen, abzuklären, wie die Verpflichtungen aus dem individuellen Arbeitsvertrag und die Inanspruchnahme des Gewerkschaftsmitgliedes aus der gewerkschaftlichen Solidarität bzw. die Inanspruchnahme des Nichtorganisierten aus der allgemeinen Solidarität der Arbeitnehmerschaft sich zu einander verhalten. So insbesondere näherhin zu bestimmen, inwieweit hier Kollektivrecht, wenn anders wir ein Streikrecht anerkennen, das seiner Natur nach nichts anderes denn Kollektivrecht sein kann, notfalls um der individuellen und kollektiven Freiheit willen Individualrecht bricht. Der Gesellschaftskritiker kann nur die Problemlage aufzeigen und sie allenfalls rechtssoziologisch analysieren. In wenigen Tagen werden es zwei Jahre sein, daß wir in einer vom Justizministerium von Nordrhein-Westfalen und vom Landesbezirk DGB Nordrhein-Westfalen veranstalteten Tagung in Düsseldorf — Carlo S c h m i d und ich waren die beiden Referenten — mit dieser Frage gerungen haben. In die Zuständigkeit des Gesellschaftskritikers und damit also auch in den Sektor, den vor Ihnen zu behandeln mir der ehrenvolle Auftrag geworden ist, fällt die rechtssoziologische Analyse der Situation und der Problemlage, die wir, wie ich meinen möchte, damals in Düsseldorf ein Stück vorangebracht haben. Dagegen eine justiziable Lösung zu finden, bleibt selbstverständlich dem Fachmann des Arbeitsrechtes vorbehalten.

Auf eine zweite, heute die Gemüter beschäftigende oder, sagen wir, erregende Frage möchte ich eingehen, in der sich ebenfalls eine ganz eigenartige Verfilzung von Bindung und Freiheit herausgebildet hat. Das ist die Frage des M i t b e s t i m m u n g s r e c h t e s, um die es vielleicht in der allerjüngsten Zeit etwas stiller geworden ist als noch vor einigen Jahren, die aber ganz bestimmt noch nicht ausgetragen ist und die uns daher zweifellos in Zukunft noch ernstlich beschäftigen wird.

Eine glatte Lösung der Mitbestimmungsfrage bestünde in der Vergenossenschaftung der Unternehmen. „Vergesellschaftung" kann ich ja nicht sagen, da dieses Wort bereits vergriffen ist zur Bezeichnung einer anderen Erscheinung, nämlich der Sozialisierung. Infolgedessen muß ich hier sagen: in der Vergenossenschaftung der Unternehmen, also im Ersatz des Lohnarbeitsverhältnisses durch ein gesellschaftsrechtliches Verhältnis, wofür keineswegs nur die durch so viele Mißerfolge diskreditierte Form der Produktivgenossenschaft sich anbietet. Ich selbst habe anderen Ortes Modelle für eine solche Umgestaltung der Betriebsverfassung, des Gesellschafts- oder richtiger des Unternehmensrechtes entwickelt; auch andere haben das getan; darauf ist in diesem Augenblick nicht einzugehen, sondern auf die, wenigstens für mich, befremdlich wirkende Erscheinung, daß die Gewerkschaften eisern am Lohnarbeitsverhältnis festhalten und das Mitbestimmungsrecht in das Lohnarbeitsverhältnis einbauen wollen, vielleicht auch sich eine Gestaltung vorstellen, bei der das Mitbestimmungsrecht das Lohnarbeitsverhältnis überhöht oder überwölbt. Solange es sich nicht um die volle und gleichberechtigte Mitbestimmung, insbesondere im wirtschaftlichen Bereich handelt, solange liegt darin weder begrifflich noch technisch eine besondere Schwierigkeit. Die v o l l g l e i c h b e r e c h t i g t e Mitbestimmung dagegen sprengt begriffsnotwendig das Lohnarbeitsverhältnis.

Daher sage ich: was die Gewerkschaften hier anstreben, ist letzten Endes ein viereckiger Kreis. Offenbar gehen sie dabei vom folgenden Gedanken oder folgender Vorstellung aus: Das Lohnarbeitsverhältnis, der „Dienstvertrag" des BGB, ist ein Herrschaftsverhältnis. Durch den Abschluß des individuellen Arbeitsvertrags unterwirft der Arbeitnehmer als Individuum, als dieser Einzelne sich der Direktionsbefugnis eines Fremden, des Arbeitgebers, unterstellt sich dem in dieser Direktionsbefugnis zum Ausdruck kommenden Herrschaftsverhältnis. (Nach einer anderen Konzeption wäre es nicht der Abschluß des individuellen Arbeitsvertrages; in diese Feinheit der Unterscheidung brauchen wir für das, was hier interessiert, nicht einzutreten.) Nach der derzeit herrschenden gewerkschaftlichen Absicht soll es dabei bleiben. Aber diesem Zustand soll der Stachel genommen werden durch die kollektive Mitbestimmung. Das Kollektiv der Belegschaft, oder noch lieber das Kollektiv der Gewerkschaft, soll nach diesen Absichten bei der betrieblichen oder genauer gesprochen: unternehmerischen Entscheidung die Mitbestimmung ausüben und dabei im Laufe der Zeit vielleicht sogar das Übergewicht erlangen. An dieser, zunächst nur gleichgewichtigen, mit der Zeit übergewichtig werdenden Mitbestimmung des Kollektivs — heiße es Belegschaft oder Gewerkschaft — hat der einzelne im Lohnarbeitsverhältnis stehende Arbeitnehmer als Angehöriger eben dieses Kollektivs m i t t e l baren Anteil; dieser Anteil an der kollektiven Einflußnahme auf das betriebliche Geschehen, das betriebliche Leben, die unternehmerischen Entscheidungen soll seine individuelle Unterwerfung unter das mit dem Lohnarbeitsvertragverhältnis und Lohnarbeitsvertrag gegebene Herrschaftsverhältnis kompensieren oder sogar überkompensieren.

Hier haben wir nun eine ganz merkwürdige Erscheinung. Während nämlich im allgemeinen dem Individuum die Freiheit und dem Kollektiv, auch wenn es Mittel und Weg ist, der zur individuellen Freiheit führt oder mindestens führen soll, die Bindung zugeordnet erscheint, liegt es hier genau umgekehrt. Als Träger der Freiheitsrechte wird allein das Kollektiv in Aussicht genommen, und es hat den Anschein, als wollten oder sollten die in diesem Kollektiv zusammengeschlossenen Einzelnen sich daran für die Befriedigung ihres Freiheitsbedürfnisses genügen lassen. Eine solche Deutung des Mitbestimmungsrechtes würde allerdings nach meiner Meinung das e c h t e Anliegen der Mitbestimmung ganz und gar verfehlen. Auch die Mitbestimmung ist für den Menschen da oder soll jedenfalls das, was heute noch nicht da ist oder nur erst in beschränktem Maße da ist, um des Menschen willen verwirklicht werden. Selbstverständlich nicht um des wesenswidrig sich als asoziales, atomistisches Individuum gebärdenden Menschen willen, sondern für den Menschen, der sein ganzes Menschtum, seine Individualität, aber nicht minder seine Sozialität zu verwirklichen und zu erfüllen berufen ist, der als eben diese einmalige und unwiederholbare menschliche Persönlichkeit und gerade darum auch in seiner Eigenschaft als Glied seiner Betriebsgemeinschaft, als Angehöriger seiner gewerkschaftlichen Organisation, als Mitstreiter der Arbeiterbewegung, nicht minder aber auch als Gemeinde- und Staatsbürger usw. usw., zur unverkürzten Entfaltung aller in ihm beschlossenen Anlagen gelangen soll. Dazu braucht er auch in seinem Arbeitsleben, an seinem Arbeitsplatz ganz gewiß die unentbehrliche Rückenstärkung durch das betriebliche, das gewerkschaftliche und wohl noch durch eine Reihe anderer Kollektive, letzten Endes des Kollektivs der Gemeinschaft des staatlich geeinten Volkes. Dazu gehört vor allem aber das in der Gemeinschaft mit Rücksicht auf die Erfordernisse ihres geordneten und gedeihlichen Zusammenlebens und Zusammenwirkens höchstmögliche Maß höchstpersönlicher Freiheit und Eigenverantwortung.

Darf ich zum Schluß noch alles in einem Satz zusammenfassen, dann möchte ich sagen: wir können Freiheit und Bindung in zweifacher

Weise verstehen. Wir können die Bindung verstehen als Fessel, und wenn wir sie als Fessel verstehen, dann wünschen wir selbstverständlich das menschenmögliche Mindestmaß an Fesselung; ganz läßt sich in einer Gesellschaft, mindestens gegenüber dem Rechtsbrecher, auf Fesselung nicht verzichten. Verstehen wir aber die Bindung als Verbundenheit in und mit der Gemeinschaft, dann können wir nicht sagen, wir wünschen ein M i n d e s t m a ß von Bindung, können allerdings auch nicht sagen, wir wünschen das H ö c h s t m a ß von Bindung, müssen vielmehr sagen, wir wünschen und bejahen jenes V o l l m a ß der Bindung, das den Menschen in seiner Persönlichkeit zur Entfaltung bringt, seiner Persönlichkeit, die ebenso sehr Selbststand und Geschlossenheit in sich selbst als Geöffnetheit zum Mitmenschen hin und Gliedstand in der Gemeinschaft besagt.

Aussprache

Prof. Dr. Arthur Nikisch, Kiel:

Nach dem glänzenden Referat von Herrn Professor von Nell-Breuning ist es eine gewisse Zumutung, wenn ich Sie nun wieder in die Niederungen der rein sachlichen, juristischen Diskussion zurückführe. Aber ich bin von unserem verehrten Ehrenpräsidenten, vielleicht gerade, um eine gewisse Ernüchterung herbeizuführen, gebeten worden, das Wort als erster zu ergreifen, und dem will ich mich nicht entziehen. Diskussionen sind witz- und sinnlos, wenn man ganz derselben Meinung ist wie der Referent. Und deshalb fiel mir geradezu ein Stein vom Herzen, als mein Freund Dietz wenigstens in einem Punkte anderer Meinung war als ich. Ich gehöre nicht zu den Rednern, die alles, was gesagt wurde, noch einmal zu unterstreichen für nötig halten. Aber eines möchte ich doch besonders hervorheben. Es hat mich außerordentlich gefreut, daß auch Herr Dietz mit den so beliebten tarifvertraglichen Effektivklauseln nicht einverstanden ist und auch seine knappe Begründung scheint mir den Nagel auf den Kopf getroffen zu haben. Ich möchte deshalb die Herren Vertreter der Sozialpartner bitten: nun machen Sie es aber auch wirklich nicht mehr! Ich fürchte nur, das wird ein frommer Wunsch bleiben.

Der eine Punkt, in dem ich nicht ganz der Meinung von Herrn Dietz bin, ist die Frage der rückwirkenden Herabsetzung oder auch, wie er sehr richtig bemerkt hat, der rückwirkenden Erhöhung der Tarifsätze. Das ist ja eine häufig diskutierte Frage.

Ganz kurz zunächst einmal über den von ihm auch gestreiften tarifvertraglichen Lohnverzicht. Ich bin der Ansicht, daß ein Verzicht auf einen bereits vorhandenen Lohnanspruch den einzelnen Arbeitnehmern auch durch Tarifvertrag nicht aufgezwungen werden kann. Das geht entschieden über die den Tarifpartnern erteilte Ermächtigung hinaus. Es handelt sich dabei nicht mehr um eine Regelung der Arbeitsbedingungen, es handelt sich um die Verfügung über einen bereits bestehenden Anspruch, die dem Berechtigten nicht einfach durch Tarifvertrag diktiert werden kann. Ich möchte aber, im Gegensatz zu einer gleichfalls vertretenen Ansicht, meinen, daß ein Lohnverzicht auch nicht etwa über den obligatorischen Teil des Tarifvertrages angeordnet werden kann, denn hier geht es ja gar nicht um die Frage, welches technische Mittel man benutzt, um dem Arbeitnehmer einen Lohnverzicht aufzunötigen, sondern der I n h a l t einer solchen Bestimmung stößt eben auf schwere tarifrechtliche Bedenken. Wenn Sie bedenken, daß im Grunde durch eine solche Bestimmung im obligatorischen Teil genau dasselbe erreicht werden soll wie durch einen normativen Lohnverzicht, werden Sie sich selber sagen müssen: Was auf direktem Wege an der mangelnden Tarifmacht der Parteien scheitert, das muß auch hier unzulässig sein, und man kann nicht über die Durchführungspflicht der Gewerkschaft und mitgliedschaftsrechtliche Verbandspflichten des einzelnen Arbeitnehmers erreichen wollen, was auf direktem Wege nicht geht.

Aber das ist ja nicht so wesentlich und nicht so umstritten wie die Frage einer rückwirkenden Herabsetzung der Tariflöhne. Es wird die Meinung vertreten, früher vom Reichsarbeitsgericht und auch heute noch von Herrn Nipperdey und von Herrn Dietz, daß gegen eine rückwirkende Herabsetzung der Tariflöhne nichts einzuwenden sei. Man begründet das damit, daß es eben im Wesen normativer Tarifbestimmungen liege, daß sie nur gelten, bis sie durch andere ersetzt werden, und — ich bediene mich der Formulierung von Herrn Nipperdey — daß jede arbeitsvertragliche Rechtsposition von vornherein mit der Schwäche behaftet ist, daß sie durch eine kollektive normative Regelung nicht nur für die Zukunft, sondern auch kraft Rückwirkung für die Vergangenheit geändert werden könne. Ich glaube, dabei wird doch nicht genügend bedacht, daß sich die tarifunterworfenen Arbeitnehmer und Arbeitgeber auf den Bestand der geltenden tariflichen Regelung bis zu ihrem Ablauf müssen verlassen können und auch tatsächlich verlassen. Um es an einem Beispiel zu zeigen: Wenn ein Tarifvertrag am 31. März abläuft, dann ist nichts dagegen zu sagen, wenn die Tarifvertragsparteien im Januar zusammentreten und sagen, wir wollen diesen Tarifvertrag vorzeitig schon am 31. Januar enden lassen und vom 1. Februar ab die Löhne entweder herabsetzen oder erhöhen. Denn natürlich können die Tarifvertragsparteien sich jederzeit über eine Änderung oder Aufhebung einer tariflichen Regelung, für die Zukunft einigen. Was sie aber nach meiner Überzeugung n i c h t können, ist, daß sie nach Ablauf des Tarifvertrages am 31. März im April oder Mai die Löhne rückwirkend vom 1. März ab, also von einer Zeit an, in der der alte Tarifvertrag noch gegolten hat, rückwirkend herabsetzen oder erhöhen.

Eine genau entgegengesetzte Meinung vertritt Herr Siebert in seinem sehr interessanten Beitrag zur Festschrift Nipperdey. Nach Siebert können kollektive Vereinbarungen überhaupt nicht schon entstandene Ansprüche des Arbeitnehmers beeinträchtigen, weil diese Ansprüche mit ihrer Entstehung ganz in den Individualbereich des Arbeitnehmers eingetreten sind. Er argumentiert kurz gesagt so: Die kollektive Gestaltung der Arbeitsverhältnisse habe den Zweck, dem Arbeitnehmer angemessene Arbeitsbedingungen zu sichern. Mit der

Entstehung der entsprechenden Ansprüche habe die kollektive Regelung ihren Schutzzweck erfüllt und damit seien die Ansprüche der Kollektivmacht entzogen. Ihr wirtschaftlicher und sozialpolitischer Zweck, dem Arbeitnehmer die Mittel für seine private Lebensführung zu liefern, der liege nicht mehr im Rahmen einer kollektiven Regelung der Arbeitsverhältnisse.

Nun, ich folge diesem Gedankengang gern, wenigstens trete ich seinem Ergebnis bei, aber nur für die Zeit, in der die tarifliche Regelung noch in Kraft ist und in dieser Zeit ihren Schutzzweck durch die Unabdingbarkeit der Tarifnormen erfüllt. Aber wenn die tarifliche Regelung abgelaufen ist, können die Tarifnormen durch andere Abmachungen ersetzt werden, wie es jetzt im § 4 Abs. 5 des Tarifvertragsgesetzes heißt, und zu diesen anderen Abmachungen gehört auch eine neue tarifliche Regelung. Mit einer solchen neuen tariflichen Regelung müssen die Arbeitnehmer und die Arbeitgeber von nun an rechnen. Und jetzt, aber eben auch erst jetzt, können sie nicht mehr darauf vertrauen, daß die bisherige und bis auf weiteres nachwirkende Regelung auch unverändert bestehen bleiben wird. Deshalb, glaube ich, können die Tarifvertragsparteien einer neuen Regelung rückwirkende Kraft bis zu dem Tage verleihen, an dem die alte Regelung abgelaufen war.

Ich halte es also nicht für zutreffend, daß der Tarifvertrag schlechthin nicht in bereits bestehende Lohnansprüche eingreifen kann. Wenn der Tarifvertrag am 31. März abgelaufen ist, so können die seitdem auf Grund der Nachwirkung in der bisherigen Höhe entstandenen Lohnansprüche durch einen im April oder Mai abgeschlossenen neuen Tarifvertrag mit Rückwirkung auf den 1. April sowohl erhöht als auch herabgesetzt werden, wobei ich die Frage hier nicht diskutieren will, ob das auch gelten könnte, wenn der neue Tarifvertrag erst im September, Oktober oder November zustande kommt. Hier werden wahrscheinlich der Rückwirkung doch bestimmte Grenzen gezogen werden müssen. Und ich möchte nun das eben Gesagte nur noch rechtfertigen durch einen Hinweis auf die in der neueren Zeit entwickelten Grundsätze über die Grenzen der Rückwirkung von Gesetzen.

Das Bundesverfassungsgericht hat in einem Urteil vom 30. April 1952 geäußert, daß ein Gesetz keine rückwirkenden Eingriffe in Rechte oder Rechtslagen vornehmen dürfe, mit denen der Betroffene in dem Zeitpunkt, von dem ab das neue Gesetz gelten soll, nicht rechnen konnte und die er also bei einer verständigen Vorausschau im privaten und beruflichen Bereich nicht zu berücksichtigen brauchte. Ich glaube, ganz das gleiche muß auch für die objektives Recht setzenden Tarifverträge gelten. Übrigens wird auch im Schrifttum die Ansicht vertreten, daß es gegen Treu und Glauben verstößt, wenn bestimmte Lebensbeziehungen, für die längere Zeit hindurch eine als maßgeblich anerkannte rechtliche Ordnung gegolten hat, rückwirkend einer anderen, für die betroffene Partei ungünstigeren Ordnung unterstellt werden sollen, und daß dieser Grundsatz nicht nur für den privaten Rechtsverkehr, sondern auch für gesetzliche, allgemein für normative Regelungen zu gelten habe. Ich verweise etwa auf einen Aufsatz von Coing im Betriebs-Berater 1954; aber auch andere Schriftsteller haben sich im ähnlichen Sinne geäußert. Auch Nipperdey erkennt in seinem Kommentar zum Tarifvertragsgesetz an, daß für den Tarifvertrag die Grundsätze zu beachten sind, die für die Rückwirkung von Gesetzen im allgemeinen aufgestellt worden sind, und bezieht sich auf jene Entscheidung des Bundesverfassungsgerichts. Er meint aber, daß die Frage für das Tarifrecht keine besondere Rolle spiele, weil hier die von der Rückwirkung Betroffenen mit der Vereinbarung einer rückwirkenden Tarifänderung rechnen müssen. Ich kann ihm darin nur insoweit beitreten, als es sich um eine Rückwirkung im Rahmen einer tariflosen Zeit handelt. Aber nicht bei einer Rückwirkung, die sich auf eine weitere Vergangenheit zurückerstreckt. Für diese Zeit, in der eine frühere tarifliche Regelung gegolten hat, brauchen die Betroffenen nicht mehr mit einer rückwirkenden Änderung zu rechnen, und zwar gilt das für den Arbeitnehmer in bezug auf eine Herabsetzung der Löhne genau so wie für den Arbeitgeber in bezug auf eine Heraufsetzung. Ich glaube auch nicht, daß die Tarifvertragsparteien häufig eine so weitgehende Rückwirkung vereinbaren werden, aber ich habe in der Literatur und der Rechtsprechung nirgends einen Hinweis darauf gefunden, daß die Grenze der Rückwirkung dort liegt, wo noch eine frühere tarifliche Regelung gegolten hat.

Hermann Beermann, Düsseldorf:

Die beiden Referate, die wir heute hören konnten, enthalten viele Fragen, die im einzelnen zu diskutieren sehr verlockend wäre. Herr Prof. Dietz hat an einer großen Fülle von Beispielen aus dem formalen Recht aufgezeigt, wie die persönliche Freiheit durch ein Übermaß von kollektivem Recht eingeschränkt werden kann. Ich meine aber, wir sollten bei der Betrachtung dieser Fragen von dem Prozeß der gesellschaftlichen Entwicklung ausgehen. Herr Prof. Dietz hat selbst auf die Entwicklung vor 100 Jahren hingewiesen, die man mit Liberalismus bezeichnet hat. Es ist zutreffend festgestellt worden, daß es in dieser Zeit für den Arbeitnehmer eigentlich keine persönliche Freiheit gab. Ich muß daher nachdrücklich die Ausführungen des Herrn Prof. von Nell-Breuning unterstützen, der darauf hingewiesen hat, daß das Recht, unter Brückenbogen zu nächtigen, kein Beitrag zur Freiheit der Menschen war. In der späteren Entwicklung hat das kollektive Recht die persönliche Freiheit nicht eingeengt, sondern erst begründet und erweitert. Wenn sich auf Grund des Koalitionsrechtes die Arbeitnehmer als die sozial Schwächeren in ihren Gewerkschaften zusammengeschlossen haben, so haben sie es doch letzten Endes getan, weil ihnen das formale Freiheitsrecht in der geltenden Gesellschaftsordnung nicht ausreiche, um ihre Menschenwürde zu wahren. Man muß also feststellen, daß durch das Handeln des Kollektivs erst die Basis für die Freiheit der Mitglieder dieses Kollektivs geschaffen ist. Die kollektive Ordnung ist aber nicht durch Zwang geschaffen, sondern durch freiwillige Mitwirkung der Beteiligten entstanden. Darauf kommt es entscheidend an.

Herr Prof. von Nell-Breuning hat die Frage des Mitbestimmungsrechtes aufgeworfen, ein Thema, das bei den Beratungen des Gesetzes über die Mitbestimmung in den Holding-Gesellschaften das Parlament erst kürzlich beschäftigt hat. Auch die Mitbestimmung steht mitten in der Entwicklung. Die wenigen Jahre der Praxis auf diesem Gebiet lassen endgültige Entscheidungen noch nicht zu. Das Recht der geltenden Wirtschaftsordnung, wie z. B. das Aktienrecht, lassen eine echte Mitbestimmung in den Organen der Kapitalgesellschaften auch gar nicht zum Zuge kommen. Ich weiß das aus eigener Praxis. Wenn man hier die Freiheitssphäre der Arbeitnehmer tatsächlich erweitern wollte, müßte man nicht nur das Recht der Betriebsverfassung, sondern auch die Wirtschaftsordnung ändern.

Die Ausführungen des Herrn Prof. von Nell-Breuning in bezug auf die Entwicklung des Freiheitsbegriffes stimmen weitgehend mit unseren Vorstellungen überein. Eine ganze Reihe meiner Freunde aus der Gewerkschaftsbewegung wird ebenso denken. Ich weiß sehr wohl, daß es auch Gegensätze gibt, und ich halte es für richtig, daß wir uns darüber auseinandersetzen, denn durch solche sachlichen Auseinandersetzungen helfen wir uns gegenseitig weiter.

Dr. Hans Bohn, Wuppertal-Barmen:

Herr Prof. Dietz und Herr Prof. von Nell-Breuning und auch mein Herr Vorredner haben aufgezeigt, daß das kollektive Arbeitsrecht entstand, als sich der Individualismus auch im Arbeitsleben durchgesetzt hatte. Den Grund dafür, daß trotz Individualismus ein kollektives Arbeitsrecht entstand, haben sie in der wirtschaftlichen Ungleichheit zwischen Arbeitgeber und einzelnen Arbeitnehmern gesehen. Ich glaube, diese wirtschaftliche Ungleichheit ist bei der heutigen Arbeitsmarktlage schon vielfach weitgehend ausgeglichen. Aber es gibt noch eine ganze Reihe weiterer Gründe, die auch heute noch bestehen, die zum kollektiven Arbeitsrecht geführt haben und zu kollektiven Regelungen zwingen. Diese Gründe liegen einmal darin, daß die Zahl der Arbeitnehmer so gewaltig groß ist und daß die zu regelnden Arbeitsbedingungen derartig vielfältig sind, daß es ganz unmöglich ist, alle Vereinbarungen über die Arbeitsverhältnisse zwischen den einzelnen Arbeitgebern und den einzelnen Arbeitnehmern zu treffen. Zum anderen hat das auch die Notwendigkeit hervorgerufen, die Arbeitsverhältnisse, wenigstens des größten Teiles der Arbeitnehmer, weitgehend in gleicher Weise zu regeln.

Hiermit folgt die arbeitsrechtliche Entwicklung einem ganz allgemeinen Zuge unserer Zeit, dem zur Konformität, der auf allen Lebensgebieten besteht und noch ständig zunimmt. Es ist interessant, daß diese Entwicklung nicht nur dort festzustellen ist, wo das Kollektiv herrscht, wie beispielsweise in Rußland, sondern auch da, wo durchaus Individualismus besteht, wie in der westlichen Welt.

Aus diesen Gründen meine ich, daß kollektive Regelungen im modernen Arbeitsleben gar nicht wegzudenken sind, ganz abgesehen von der wirtschaftlichen Ungleichheit. Und so ist es auch gar nicht verwunderlich, daß schon Tarifverträge und Betriebsvereinbarungen abgeschlossen wurden, als es hierfür noch gar keine gesetzliche Grundlage gab, und daß auch ein großer Teil der übertariflichen Arbeitsbedingungen nicht individuell zwischen Arbeitgeber und einzelnen Arbeitnehmern vereinbart, sondern betrieblich, kollektiv geregelt wird. Ich glaube, Kollektivverträge allein ermöglichen es überhaupt, die heutigen sozialpolitischen Probleme zu lösen. Und manches, was durch Kollektivverträge geregelt wird, ist auch überhaupt nur durchführbar und tragbar, wenn es durch die Kollektivverträge auf eine sehr breite Basis gestellt wird. Es wäre deshalb wohl sinnlos, Kollektivregelungen eindämmen zu wollen, um individuellen Vereinbarungen mehr Raum zu geben.

Was vielmehr nur unsere Sorge sein muß — das dürfte wohl aus den Ausführungen von Herrn Prof. Dietz und Herrn Prof. von Nell-Breuning zu folgern sein —, das ist, daß die kollektiven Regelungen nicht so weit gehen, daß die Würde des Menschen, auf die wir in der westlichen Welt einen so großen Wert legen, verletzt wird. Auch im Arbeitsleben gibt es nämlich noch eine Individualsphäre, wie wir aus den heutigen Vorträgen gehört haben, in die das Kollektiv nicht eingreifen, sondern die der Gestaltung der einzelnen beteiligten Menschen überlassen bleiben sollte.

Ich stelle mit Befriedigung fest, daß Herr Prof. Dietz außer § 3 Abs. 3 Tarifvertragsgesetz, wonach die Tarifgebundenheit auch noch nach Ausscheiden aus den tarifschließenden Organisationen weiterbesteht, keine Gesetzesbestimmungen aufgezeigt hat, die eindeutig die Grenze zwischen Kollektiv- und Individualsphäre mißachten. Überall, wo er Bedenken geäußert hat, handelt es sich um streitige

Rechtsmeinungen. Mir ist allerdings eine Gesetzesbestimmung eingefallen — sie liegt aber auf einem etwas anderen Gebiet —, von der ich glaube, daß sie in bedenklicher Weise in die Individualsphäre eingreift, und das ist § 25 des Heimarbeitsgesetzes, wonach der Staat, und zwar das Land, also auch ein Kollektiv, im Falle, daß ein Auftraggeber einem Heimarbeiter nicht die festgesetzten Entgelte zahlt, die Nachzahlung des Mindestbetrages an den Heimarbeiter einklagen kann. Jetzt steht etwas ähnliches in dem Regierungsentwurf zum Jugendschutzgesetz hinsichtlich der Mehrarbeitsvergütung. Erfreulicherweise hat der Bundesrat hiergegen Stellung genommen, und ich meine aus den heute hier behandelten Gesichtspunkten, daß diese Stellungnahme gegen diese Bestimmung richtig ist, denn es muß den Berechtigten überlassen bleiben, ob sie gegen den Verpflichteten klagen wollen oder nicht.

Was nun die streitigen Rechtsmeinungen anbelangt, die unser Problem berühren, so möchte ich nur kurz auf die Frage eingehen, ob es bei der Regelung der Arbeitsbedingungen gewisse Bereiche gibt, die um ihres Gehaltes willen, also von Natur aus, der Gestaltung durch Kollektivvertrag entzogen sind. Zu einem solchen kollektivfreien Bereich glaube ich alle speziellen Arbeitsbedingungen rechnen zu können, die den besonderen Umständen der einzelnen Arbeitsverhältnisse angepaßt sind, und zwar den Arbeitsverhältnissen, die auf beiden Seiten, auf seiten des Arbeitgebers und auf seiten der Arbeitnehmer, bestehen. Ich meine, daß spezielle Arbeitsbedingungen, die auf den einzelnen Arbeitnehmer zugeschnitten sind, nur einzelvertraglich vereinbart werden können, weil es kollektiv gar nicht möglich ist, die Belange der einzelnen Arbeitnehmer zu berücksichtigen. Deshalb bin ich auch der Auffassung, daß durch Kollektivvertrag in diese einzelvertraglichen, auf den einzelnen Arbeitnehmer zugeschnittenen Vereinbarungen nicht eingegriffen werden kann, und zwar nicht nur, soweit Ansprüche bereits entstanden sind, sondern auch für die Zukunft nicht. Fraglich ist vielleicht, ob das auch zugunsten des Arbeitnehmers ausgeschlossen ist, so daß also auch durch eine Kollektivvereinbarung diese einzelvertraglichen Vereinbarungen nicht für den Arbeitnehmer verbessert werden können. Aber ich glaube, hier muß berücksichtigt werden, daß nicht nur die Individualsphäre der Arbeitnehmer zu schützen ist, sondern ebenso auch die Individualsphäre des Arbeitgebers. Daraus folgere ich, daß durch Tarifvertrag die einzelvertraglich vereinbarten Arbeitsbedingungen, soweit sie speziell auf das einzelne Arbeitsverhältnis zugeschnitten sind, weder verbessert noch verschlechtert werden können. Durch Betriebsvereinbarungen ist eine Verschlechterung für den Arbeitnehmer selbstverständlich auch nicht möglich. Einer Verbesserung der einzelvertraglich vereinbarten Arbeitsbedingungen für den Arbeitnehmer durch Betriebsvereinbarung dürfte allerdings nichts im Wege stehen, da der Arbeitgeber ja diese Belastung, wenn er eine Betriebsvereinbarung abschließt, selbst auf sich nimmt. Ich folgere weiter, daß auch durch einen Verbandstarifvertrag, der zwischen Gewerkschaft und Arbeitgeberverband abgeschlossen wird, nicht in betriebliche Regelungen eingegriffen werden kann, die zwar für alle Arbeitnehmer des betreffenden Betriebes gelten, aber auf die besonderen Verhältnisse dieses Betriebes oder, mit anderen Worten, auf die Verhältnisse des betreffenden Arbeitgebers abgestellt sind. Das schließt natürlich nicht aus, daß kollektive Regelungen auf Bereiche ausgedehnt werden, die bisher einzelvertraglich geregelt waren, oder daß Tarifverträge da kommen, wo bisher Betriebsvereinbarungen bestanden. Aber diese neuen Kollektivverträge haben dann nichts mit den bisherigen Einzelarbeitsverträgen oder Betriebsvereinbarungen zu tun, sondern stellen eine völlige Neuregelung dar, losgelöst von den persönlichen bzw. betrieblichen Verhältnissen. Es kann sich dann also nur um abstrakte Regelungen handeln.

Hieraus ergibt sich auch, daß ich den Ausführungen des Herrn Prof. Dietz über die Effektivklauseln zustimme, und ich kann, ebenso wie Herr Prof. Nikisch, nur wünschen, daß sie nun wirklich nicht mehr in die Tarifverträge hineinkommen.

Aber nicht nur durch Effektivklauseln greifen Tarifverträge bisweilen in unzulässiger Weise in die Individualsphäre ein, sondern auch durch manche andere Bestimmungen. Ich erwähne beispielsweise nur die Bestimmungen, daß Mehrarbeit nur mit Zustimmung des Betriebsrates zulässig ist. Diese Einschränkung, „nur mit Zustimmung des Betriebsrates", halte ich höchstens bei tariflicher Zulassung von Mehrarbeit gemäß § 7 Arbeitszeitordnung für möglich, nicht aber bei Mehrarbeit, die schon nach der Arbeitszeitordnung ohne weiteres zulässig ist. Die Leistung dieser schon durch die Arbeitszeitordnung zugelassenen Mehrarbeit muß m. E. den Arbeitsvertragsparteien überlassen werden.

Da unsere Probleme der Bindung und Freiheit im kollektiven Arbeitsrecht ja nicht nur von der rechtlichen Seite zu sehen sind, sondern auch sozialpolitisch, möchte ich hierzu auf eine Entwicklung hinweisen, die sich abzeichnet und mir bedenklich erscheint. Das ist, daß durch Tarifvertrag oder Betriebsvereinbarung M i t e i g e n t u m am Betrieb begründet werden soll. Das greift m. E. auch in unzulässiger Weise in die Individualsphäre ein, in die Individualsphäre des Arbeitgebers, weil über sein Eigentum am Betrieb verfügt wird. Die Individualsphäre der Arbeitnehmer, glaube ich, wird mißachtet, weil sie in der freien Verwendung ihres Verdienstes beschränkt werden. Denn schließlich ist ja die Gewährung einer Beteiligung am

Unternehmen auch ein Teil ihres Verdienstes. Bedenklich ist es auch, wenn in Verbindung mit dem Miteigentum die Arbeitnehmer durch Tarifvertrag oder Betriebsvereinbarung zu Mitgliedern einer Werksgenossenschaft gemacht werden. Aus den gleichen Gründen habe ich auch Bedenken gegen eine Vergenossenschaftlichung des Arbeitsverhältnisses überhaupt, und ich werfe die Frage auf, ob nicht doch das Lohnarbeitsverhältnis das freiheitlichste ist, was es gibt. Wie wir gehört haben, sind ja schädliche Auswirkungen der Freiheit auf diesem Gebiete durch kollektive Bindungen weitgehend ausgeschaltet.

Zusammenfassend darf ich wünschen, daß wir alle, die wir uns auf Arbeitgeber- und Gewerkschaftsseite mit Sozialpolitik und Arbeitsrecht befassen, ein Gefühl dafür bekommen, wo die Grenzen des individuellen Bereichs liegen, deren Überschreitung durch das Kollektiv oder durch Kollektivregelungen wir nicht zulassen sollten, und wie das rechte Verhältnis von Bindung und Freiheit im Arbeitsleben sein soll.

Otto Günther, Hamburg:

Als ich in die Lage versetzt war, einen Einblick tun zu können in die Darlegungen, die Herr Prof. Dietz sich vorgenommen hatte, da habe ich aus dem Gedächtnis heraus den Griff tun wollen zu einer Schrift, die vor langen Jahren einmal von Hans Kelsen erschienen ist unter der Überschrift, die mir nur noch im Gedächtnis haften geblieben war: „Über die juristische und soziologische Methode". Im Drange der Zeit war es mir nicht mehr möglich, diese Schrift noch einmal auszugraben. Aber daß sie mit dem behandelten Gegenstand in einem Zusammenhang steht, das ist mir sehr deutlich geworden an den Darlegungen, die Herr Prof. von Nell-Breuning hier gemacht hat und die mir gleichzeitig klar gemacht haben, daß eine Rechtssatzung ohne die aus dem soziologischen Verband genommenen Wertnormen in die Irre zu führen geeignet ist. Herr Prof. Dietz hat in seinem Referat formuliert, daß man sich von der Möglichkeit freihalten müsse, alles, was durch Einzelvertrag geregelt werden könne, auch durch Kollektivvertrag zu gestalten. Ich glaube, daß wir von der gewerkschaftlichen Seite her niemals den Ehrgeiz gehabt haben, alles, was durch Einzelarbeitsvertrag im Arbeitsverhältnis geregelt werden kann, durch Kollektivvertrag für alle allgemeinverbindlich zu regeln. Unsere Aufgabe haben wir — so habe ich sie jedenfalls, so weit ich zurückdenken kann, immer angesehen — so gesehen, wie sie Herr Prof. von Nell-Breuning aufgezeichnet hat, nämlich den Tarifvertrag, überhaupt das kollektive Arbeitsrecht anzusehen als eine Ausweitung der Lebenssphäre des Arbeiters, des Arbeitnehmers.

Von einem Redner ist gesagt worden, daß auch das Land ein Kollektiv sei. Wenn Sie die Dinge so sehen, haben wir ein kollektives Arbeitsrecht seit mehr als 100 Jahren; denn ich darf Sie an eine Maßnahme des Königs von Preußen erinnern, jenes Preußische Regulativ, das sich mit der Frage der Beschäftigung von Kindern befaßt. Auch dieses Regulativ war ein Eingriff in die Freiheitssphäre des Arbeiters und Familienvaters, wie es vorhin formuliert worden ist. Von der Seite aus gesehen also war es ein Einbruch in die individuelle Sphäre des Arbeitslebens. Andererseits war ja dieses Regulativ entstanden unter rein militärpolitischen Gesichtspunkten, eine Maßnahme zum Schutze des Lebens und der Gesundheit der beschäftigten Kinder. Daran haben sich die Dinge entzündet.

Ungefähr zu der Zeit war die Schrift von Wilhelm von Humboldt erschienen über die Grenzen der Wirksamkeit des Staates. Und wer heute in dieser Schrift vom Anfang des vorigen Jahrhunderts blättert, der wird feststellen müssen, daß dieser Schrift — und da sie preisgekrönt war, kann sie als ein Ausdruck der Geisteshaltung der damaligen Zeit gewertet werden — Vorstellungen zugrunde gelegen haben müssen, die uns heute fremd sind. Diese Auffassung von den Grenzen der Wirksamkeit des Staates, der sich ja nicht einmischen dürfte in die gerade hier zur Erörterung stehenden Problemkreise, war getragen von Auffassungen, die noch weit in die davorliegende Zeit, z. B. in die mittelalterliche Munt, zurückreichen. Davon sind wir weit abgekommen. Und es ist schon richtig, daß das Kollektiv, die Gemeinschaft — um ein anderes, nach meiner Meinung für die Arbeitnehmerseite treffenderes Wort zu gebrauchen — niemals ihre Aufgabe darin gesehen hat, die Freiheitssphäre einzuengen, sondern im Gegenteil in der harten Realität des Tages den Lebensraum zur Auswirkung der menschlichen Persönlichkeit auszuweiten. Und wenn hier einmal der Satz gebraucht worden ist, die wirtschaftliche Ungleichheit sei bei der heutigen Lage weitgehend ausgeglichen, dann dürfte ein Blick über die deutschen Grenzen hinaus unter Verwertung des vorhandenen Materials aus dem außerdeutschen Bereich andere Tatbestände zeigen. Hier liegen noch Notwendigkeiten und Möglichkeiten der Anpassung und des Fortschritts.

Das positive Recht hat seine Bedeutung, es muß aber abgeleitet sein von den tragenden Wertvorstellungen im menschlichen Zusammenhang. Diese haben wir aber in einer Allgemeingültigkeit noch nicht wieder. Diese besondere Gegenwartssituation habe ich an zwei Stellen empfunden. Nämlich einmal, als Herr Prof. Dietz von dem Einbruch sprach, der in der Zeit zwischen 1933 und 1945 in unserem Rechtsleben erfolgt sei, und zum anderen, als Herr Prof. von Nell-Breuning von der wertenden Gegenüberstellung des Verfassungslebens vor 1933, nach 1945 und der dazwischenliegenden Zeit sprach. In der Zeit von 1933 bis 1945 haben wir praktisch kein rechtsstaatliches Verfassungsleben gehabt, wenngleich man es auch theoretisch wohl belegen könnte.

Eine formale Rechtssatzung, die den Fluß des Lebens und die als Motiv wirkenden Vorstellungen außer acht läßt, muß zu Schwierigkeiten führen. Da dürfen wir uns als Gewerkschafter mit Herrn Prof. von Nell-Breuning in Übereinstimmung befinden. Erst recht darf die Gesetzesauslegung die sich neubildenden Wertvorstellungen des menschlichen Zusammenlebens nicht außer acht lassen.

Für uns handelt es sich nicht darum, aus dem theoretischen Begriff der Freiheit heraus Formulierungen zu finden, sondern in der praktischen Arbeit des Tages den Lebensraum auszuweiten, der es dem Einzelnen ermöglicht, in Freiheit und Würde sein eigenes Leben zu gestalten.

Prof. Dr. Wolfgang Siebert, Göttingen:

Ich bin von den Herren Kollegen Dietz und Nikisch mehrmals genannt worden im Zusammenhang mit der Bemühung, einen individualrechtlichen Bereich festzustellen, der von kollektiv-normativer Gestaltung nicht berührt werden kann. Auf die Gefahr hin, Sie zu enttäuschen, möchte ich zu diesem Problem jetzt nicht Stellung nehmen, weil ich es nicht für möglich halte, in wenigen Minuten meinen Standpunkt noch einmal grundsätzlich darzulegen. Ich darf also auf meine Ausführungen in der Festschrift für Nipperdey verweisen. Außerdem habe ich mit Freuden feststellen können, daß ich im Grundsätzlichen weithin Zustimmung gefunden habe.

Unter dem Eindruck der Referate und der vorangegangenen Diskussionsbeiträge möchte ich hier den Versuch machen, die Abgrenzung zwischen kollektiv-normativer Gestaltung und einer Individualsphäre als ein Beispiel einzuordnen in den allgemeinen s y s t e m a t i s c h e n A u f b a u   u n s e r e s   A r b e i t s r e c h t s , unter gleichzeitiger Andeutung der sozialpolitischen und soziologischen Funktionsordnung, die unsere Arbeitsverfassung darstellt.

In unserer Arbeitsverfassung und im Arbeitsrecht haben wir eine Lage, die wir in keinem anderen Rechtsgebiet haben: Wir haben hier v i e r Schichten der Rechtsgestaltung, die in ihrer organisatorischen und materialen Position auf bestimmten Funktionen beruhen und die untereinander zweifellos in einem Spannungsverhältnis stehen. Ich meine damit erstens den Staat, zweitens die Sozialpartner, drittens den Betrieb und die Betriebspartner und viertens den Einzelvertrag und die Partner des Einzelvertrages. Es handelt sich geradezu um vier Träger der Arbeitsverfassung, denen jeweils ganz bestimmte Gestaltungsmittel zugeordnet sind: dem Staat das Gesetz (ferner die Arbeitsverwaltung und die Rechtsprechung), den Sozialpartnern der Tarifvertrag (ferner das Schlichtungswesen und im wesentlichen das Arbeitskampfrecht), den Betriebspartnern die Betriebsvereinbarung (und der gesamte Bereich der betrieblichen Mitbestimmung) und schließlich dem einzelnen Arbeitgeber und dem einzelnen Arbeitnehmer der Einzelvertrag. Für die Entwicklung des Arbeitsrechts ist es von entscheidender Bedeutung, daß wir die sozialpolitische Funktion dieser verschiedenen Träger der Arbeitsverfassung erkennen, immer wieder neu überprüfen und von dieser Funktion her die rechtlichen Grenzen der Wirkungsmittel und Wirkungsbereiche abstecken. Es sind heute zahlreiche Beispiele vorgetragen worden, die — wie ich meine — sämtlich unter dem Gesichtspunkt dieser umfassenden Aufgabe einer funktionellen Prüfung und Einordnung gesehen werden müssen.

Der S t a a t hat sich heute, wie uns allen bekannt ist, zugunsten der sozialen Selbstverantwortung in vieler Beziehung stark in den Hintergrund gestellt, vor allem im Bereich der Lohnpolitik und der Lohngestaltung. Trotzdem bleibt der Staat, namentlich im Arbeitsschutzbereich, mit Gesetzgebung, Verwaltung und nicht zuletzt mit der Rechtsprechung ein wesentlicher Träger der Arbeitsverfassung. Zu der Abgrenzung der staatlichen Funktionen würde etwa die vorhin angedeutete Frage gehören, ob es sinnvoll ist, dem Staat bestimmte Klagerechte einzuräumen, wofür bereits einige Beispiele — besonders aus dem Recht der Heimarbeit — vorgetragen worden sind. Neben der Klagebefugnis des einzelnen Arbeitnehmers, dem typischen Durchsetzungsmittel von Ansprüchen aus dem Bereich des privatrechtlichen Vertragsrechts, würde es dann also gleichzeitig in bestimmten Fällen selbständige Klagerechte und dementsprechend öffentlichrechtliche Ansprüche des Staates geben. Es fragt sich, ob nicht die bisherige sinnvolle Unterscheidung und Verbindung zwischen privatrechtlichem Vertragsrecht und öffentlichrechtlichem Arbeitsschutzrecht der alleinige Maßstab bleiben soll. Wo der Staat es aus öffentlichem Interesse für notwendig hält, die Durchsetzung von Pflichten nicht allein dem privatrechtlich berechtigten Partner des Arbeitsverhältnisses zu überlassen, wird er sich m. E. in der Regel der Mittel der staatlichen Arbeitsv e r w a l t u n g bedienen, um das durchzusetzen, was er vom Standpunkt der Staatsaufgabe aus für erforderlich hält. Die Kumulation von privatrechtlichem Anspruch mit entsprechender Klagebefugnis der Partner des Arbeitsverhältnisses und staatlichem Verwaltungszwang ist uns aus dem Bereich des Arbeitsschutzrechts durchaus geläufig. Ohne mich hier in Einzelheiten begeben zu wollen, möchte ich die Frage aufwerfen, ob eine wesentliche Verstärkung der Stellung des

Staates in der Rolle eines Klägers im Arbeitsgerichtsprozeß nicht doch gewissen Bedenken begegnet.

Was die Sozialpartner betrifft, so wissen wir alle, daß ihre Stellung in der Arbeitsverfassung wegen des höchst bedeutsamen Bereichs des kollektiven Arbeitsrechts außerordentlich stark ist. Das hat sich heute u. a. darin gezeigt, daß der Tarifvertrag in den Referaten und den Diskussionsbeiträgen eine große Rolle gespielt hat. Bei dem Bemühen, den Wirkungsbereich des Tarifvertrages abzugrenzen, ist der Günstigkeitsgedanke, den Herr Kollege Dietz hervorgehoben hat, zweifellos ein wichtiger Gesichtspunkt, und ich stimme ihm durchaus darin zu, daß dieser Günstigkeitsgedanke für die Abgrenzung zwischen Tarifvertrag und Einzelvertrag von grundsätzlicher arbeitsverfassungsrechtlicher Bedeutung ist. In diesen Zusammenhang gehört auch die Effektivklausel, denn bei ihr handelt es sich im Grunde um die Frage, wie weit der Tarifvertrag etwas, das bisher einzelvertraglich geregelt worden war, in seinen Bereich hineinziehen kann. Diese Frage ist nicht zuletzt deshalb problematisch, weil es sich darum handelt, ob Inhalt und Funktion des Einzelvertrages — die individuelle übertarifliche Lohngestaltung — vom Tarifvertrag her beseitigt, nämlich in den Tarifvertrag und seine Funktion überführt werden kann. Ich neige dazu, ebenso wie die Herren Dietz und Nikisch, gewissermaßen eine funktionelle Unantastbarkeit des Einzelvertrages gegenüber dem Tarifvertrag zu bejahen, aber ich kann auf diese Frage hier nicht näher eingehen. Dagegen möchte ich, trotz der Gefahr von Mißverständnissen, die ja bei kurzen Andeutungen besonders groß ist, noch folgendes Problem anschneiden: Der Einzelvertrag hat die Funktion der individuellen Gestaltung und außerdem, wie ich glaube, auch die Funktion einer individualrechtlichen Garantie. Wenn nun aber dieser Einzelvertrag dazu benutzt wird, um ganz mechanisch in inhaltlich gleicher Weise für den ganzen Betrieb oder für bestimmte Gruppen von Arbeitnehmern inhaltlich gleiche Arbeitsbedingungen zu schaffen, so taucht m. E. unter dem Gesichtspunkt der funktionellen Wertung die Frage auf, ob eine solche Verwendung des Einzelvertrages noch dem Wesen dieses Instituts entspricht oder ob nicht mechanisch gleichlautende Einzelverträge in gewissen Beziehungen ebenso behandelt werden müssen wie eine kollektive Gestaltung. Ich kann aber diese Frage, die vielleicht auch für das Günstigkeitsprinzip von Bedeutung ist, hier nur andeuten.

Neben dem Bereich der Sozialpartner, zu dem — wie ich schon kurz erwähnte — außer dem Tarifvertragsrecht auch das Schlichtungswesen und das Arbeitskampfrecht gehören, spielt dann im Bereich des kollektiven Arbeitsrechts der einzelne Betrieb mit seiner Betriebsverfassung eine große Rolle. Es fehlt hier die Zeit, um Gemeinsamkeiten und Unterschiede zwischen Tarifvertrag und Betriebsvereinbarung als den beiden kollektiven Gestaltungsmitteln herauszustellen. Trotz der Gemeinsamkeit der kollektiv-normativen Gestaltungswirkung besteht u. a. der recht wesentliche Unterschied, daß man in den Betriebsverband schon durch die Begründung des Arbeitsverhältnisses schlechthin eintritt, während die Tarifunterworfenheit, abgesehen von der Allgemeinverbindlichkeitserklärung, erst durch einen zusätzlichen, verbandsrechtlichen Akt begründet wird, nämlich durch den Beitritt zu dem Arbeitgeber- und Arbeitnehmerverband. Insofern ist das Moment des Unterworfenseins bei der Betriebsvereinbarung vielleicht deutlicher als beim Tarifvertrag. Ob daraus etwa für die Frage der Unabdingbarkeit Unterschiede herzuleiten sind, kann ich hier nicht untersuchen. Ich glaube, daß man auch bei der Hervorhebung des Unterschiedes in dem Grade der Freiwilligkeit die Schutzfunktion als gemeinsames Merkmal von Tarifvertrag und Betriebsvereinbarung betonen muß, und diese Schutzfunktion spricht für eine Bejahung der Unabdingbarkeit auch der Betriebsvereinbarung: je stärker der Schutz- und der Ordnungsgedanke das kollektive Gestaltungsmittel bestimmen, desto selbstverständlicher ist die Unabdingbarkeit.

Die Hervorhebung der Schutz- und Ordnungsfunktion zeigt gleichzeitig die absolute Unentbehrlichkeit des kollektiven Arbeitsrechts innerhalb unserer Arbeitsverfassung: ohne die Schutz- und Ordnungsfunktion der kollektiven Gestaltungsmittel könnte es einen individualrechtlichen Bereich in dem heute Nachmittag so eindrucksvoll erörterten Sinne nicht geben, denn ein individualrechtlicher Vertragsbereich ohne staatlich und kollektiv geschütztes Fundament wäre — wie die Geschichte des modernen Arbeitsrechts gezeigt hat — kein Bereich echter Freiheit.

Im Zusammenhang mit dem kollektiven Arbeitsrecht möchte ich noch kurz einen Gedanken andeuten, der durch die Referate und Diskussionen des heutigen Nachmittags angeregt worden ist. Gerade im Arbeitsrecht brauchen wir immer wieder neue Anregungen, vor allem in der Richtung, das sozialpolitisch und soziologisch Notwendige in eine klare Rechtsdogmatik zu bringen. Das kollektive Arbeitsrecht ist in vieler Hinsicht zweifellos schon gut ausgebildet; beispielsweise ist die Dogmatik des Tarifvertrages wohl schon ebenso klar durchgebildet wie die Dogmatik des Einzelvertrages. Es bleiben aber noch einige Gebiete des kollektiven Arbeitsrechts, bei denen wir, wie ich glaube, noch nicht am Ende der dogmatischen Erkenntnisse stehen. Ich denke etwa an die Lehre vom kollektiven Normenvertrag, die uns Anlaß gibt zu der Überlegung, ob wir nicht überhaupt in dem Bereich des kollektiven Arbeitsrechts eine mehr eigenständige, das kollektive Moment noch stärker und ausschließlicher entwickelnde Dogmatik schaffen müssen. Beispielsweise ist die Abwehraussperrung nach der

Rechtsprechung des Bundesarbeitsgerichts, abgesehen von ihrer praktischen Bedeutung, eine rechtsdogmatisch völlig neuartige Erscheinung. Es handelt sich hier nämlich m. E. um eine einseitige, kollektivrechtliche, empfangsbedürftige Willenserklärung, welche die Arbeitsverhältnisse der Gruppe von Arbeitnehmern, der gegenüber die Erklärung abgegeben wird, beendet. Schon dieses Beispiel zeigt, daß man etwa untersuchen könnte, ob die vom individualrechtlichen Vertragsrecht herkommende Regelung über das Zugehen einer Willenserklärung auch auf das Zugehen der Abwehraussperrrungserklärung unverändert paßt. Muß eine Erklärung, wenn sie einer G r u p p e zugehen soll, jedem einzelnen Mitglied der Gruppe zugehen, oder genügt es nicht, daß sie in irgendeiner Weise einem großen Teil der Gruppe zugänglich gemacht wird? Ist nicht der Anschlag des Arbeitgebers am Schwarzen Brett oder am Tor der Fabrik eine kollektivrechtlich natürlichere Form der Erklärung als eine Summe von einzelnen Schreiben? Alles das sind natürlich nur vorläufige Fragen, aber gerade der heutige Nachmittag legt uns doch immer wieder nahe, zu überlegen, wie die kollektivrechtliche Regelung in ihrer sehr bedeutsamen Wirkung von der Rechtsordnung möglichst richtig erfaßt werden kann.

Man könnte noch kurz eingehen auf die Fälle, in denen nach positivem Recht oder aus der Natur der Sache dem Kollektivrecht eine besondere Vorzugs- oder gar Monopolstellung eingeräumt wird. In einigen Fällen sagt der Gesetzgeber etwa, daß bestimmte Fragen nur durch Tarifvertrag geregelt werden können (vgl. z. B. § 616 Abs. 2 BGB, § 4 Abs. 4 Tarifvertragsgesetz). Es fragt sich, ob es darüber hinaus Probleme gibt, die auch ohne ausdrückliche Gesetzesbestimmung nur kollektivrechtlich geregelt werden können. Ich denke etwa an Bußen und Torkontrollen, bei denen wegen der hier notwendigen Gleichmäßigkeits-(Ordnungs-)Wirkung möglicherweise nur eine kollektivrechtliche Regelung sinnvoll ist.

Es bleibt noch ein Schlußgedanke. Wenn man sich vergegenwärtigt, daß unsere Arbeitsverfassung auf einem kunstvollen und vielschichtigen System von verschiedenen Trägern, Funktionen und Gestaltungsmitteln beruht, muß der Gedanke des G l e i c h g e w i c h t s aller dieser Faktoren nicht nur sozialpolitisch, sondern auch rechtlich von entscheidender Bedeutung sein. Ich fasse die Ausführungen der beiden Herren Vortragenden und aller bisherigen Diskussionsredner dahin auf, daß wir uns immer wieder zu bemühen haben, dieses Gleichgewicht sozialpolitisch und rechtlich richtig zu sehen und richtig zu gestalten, um es möglichst fruchtbar zu machen. Vom einzelnen Arbeitsverhältnis her ist derjenige Rechtsbegriff, der uns bei diesem Bemühen um Gleichgewicht und Einordnung eine Hilfe leisten kann, der Begriff der R e c h t s s t e l l u n g des Arbeitnehmers und des Arbeitgebers. Arbeitnehmer und Arbeitgeber sind ja nicht nur Partner des Einzelvertrages, sondern sie sind in ihrer individualrechtlichen Persönlichkeit eingeordnet in die drei Schichten, die auf das Arbeitsverhältnis einwirken und die zweifellos eine gewisse Unterwerfung begründen. Die Verbindung von Unterworfensein und eigener Gestaltungsmöglichkeit kann in dem Begriff der Rechtsstellung gut zum Ausdruck gebracht werden, denn die Rechtsstellung ist der arbeitsverfassungsrechtliche Status, innerhalb dessen die große sozialpolitische und rechtliche Aufgabe gelöst werden muß, die Kraft zu behalten und immer wieder neu zu entwickeln, innerhalb des spannungsvollen Aufbaus unserer Arbeitsverfassung und unserer Sozialordnung ein vernünftiges und fruchtbares Gleichgewicht der Kräfte zu verwirklichen.

Klaus von Bismarck, Haus Villigst:

Als neu gewähltes Vorstandsmitglied hätte ich mir gern, das werden Sie verstehen, vor der Beteiligung an der Debatte eine kurze Karenzzeit auferlegt. Ich hätte gern nur zugehört, auch um die Grenzen des Individuellen und Kollektiven in den Meinungsäußerungen der Sozialpartner zum Thema Arbeitsrecht sorgsam aufzunehmen. Aber ich bin nun mehr oder weniger kollektiv auf die Liste der Diskussionsredner geraten. So will ich — die Debatte weiterführend — zu einigen Beiträgen kurz Stellung nehmen. Ich folge dem Beispiel von Herrn Prof. Nikisch und betone nicht noch einmal ausführlicher meine Zustimmung zu einigen Thesen, also z. B. zu der von Prof. von Nell-Breuning, wenn er die Alternative von Individuum und Kollektiv als falsch herausstellte, wenn er unterstellte, daß die Assoziation der Arbeitnehmer eine Voraussetzung der freiheitlichen Arbeitsordnung ist.

Ich will mit einer kritischen Bemerkung zu einigen Formulierungen von Herrn Prof. von Nell-Breuning einsetzen. Ich tue das um so lieber, weil ich sonst weitgehend mit ihm übereinstimme. Prof. von Nell-Breuning ist zu fragen, ob das Bild der zu Opfern bereiten Solidarität von untergehakten Arbeitern, wie es etwa beim 17. Juni und in Ungarn gewiß zu sehen war, wie es die Situation von 1848 und zu anderen Zeiten des Kampfes der jungen Arbeiterbewegung darstellte, ob dieses Bild heute noch eine gesellschaftlich richtige Skizze des Tarifpartners „Arbeiterschaft" gibt. Prof. von Nell-Breunings Formulierungen lassen es als möglich erscheinen, daß er einigen wünschenswerten Irrtümern seiner „Kollegen" mit unterlegen ist. Mir scheint, man muß das Kollektiv Gewerkschaft heute sehr viel nüchterner als einen Zweckverband ansehen, nicht zuletzt deshalb, weil dieses Kollektiv nach meinen Beobachtungen von seinen eigenen Mitgliedern weitgehend so angesehen wird.

Nun aber will ich zwei weiterführende Fragen stellen: Wenn die Alternative Individuum-Kollektiv falsch ist, wie sieht die richtige Alternative aus? Ich würde aus manchen Äußerungen in der Debatte und nicht zuletzt aus dem letzten Beitrag folgern, daß die Mitgliedschaft des Individuums in mehreren Kollektiven, die nüchterne Zweckverbände sind, die individuelle Freiheit am besten garantieren kann. Hier geht es dann um die Stichworte „Gleichgewicht" und „doppelte Loyalität", um eine gleichzeitige verantwortliche Mitgliedschaft zur Betriebsgemeinschaft, zur Gewerkschaft und zur staatsbürgerlichen Ordnung. Diese Lösung liegt auch nach dem letzten Beitrag, den wir gehört haben, nahe. Sie entspricht auch den Ausführungen von Herrn Prof. von Nell-Breuning.

Eine letzte Frage, die Frage eines Nicht-Juristen an die Arbeitsrechtler: Ich habe mich bei den Ausführungen von Herrn Prof. Dietz wie auch bei mehreren Diskussionsbeiträgen und den Ausführungen von Herrn Prof. von Nell-Breuning gefragt: Besteht eigentlich Klarheit und Übereinstimmung über das, was der Betrieb ist? Was wird zugrundegelegt, wenn man den Betrieb als Rechtswesen zur Grundlage des Arbeitsrechts macht? Sehe ich ganz falsch, wenn ich von meiner Arbeit her oft den Eindruck habe, daß viele arbeitsrechtliche Streitigkeiten im Grunde sekundär sind? Sind sie nicht vielmehr Auswirkungen des unentschiedenen Gefechts um die Klärung der Frage: was ist der Betrieb? Es geht in diesem Gefecht einerseits um die Autonomie des Einzelbetriebes bzw. andererseits um seine Einordnung in die Gesamtwirtschaft und Gesellschaft. Auch das Stichwort von dem „zwangsweisen Unterworfensein", das mein Vorredner brachte, zeigt auf, daß keine einheitliche Konzeption über den Betrieb als Rechtswesen gegeben ist. Ich stimme dem letzten Beitrag der Aussprache zu und halte es auch von ihm her für sinnvoll, einer Klärung der Frage „Was ist der Betrieb" zu Leibe zu gehen. In der heutigen Debatte würde uns diese Erörterung überfordern.

Erich Bührig, Köln:

Herr Prof. von Nell-Breuning sprach, als er sich über die Forderungen und Bestrebungen der Gewerkschaften zum Mitbestimmungsrecht äußerte, von dem „viereckigen Kreis", den die Politik der Gewerkschaften insoweit darstelle. Er glaubt, daß das Mitbestimmungsrecht es notwendig mache, zu einer Vergenossenschaftung der Betriebe zu kommen, um die an sich nach seiner Meinung beim Mitbestimmungsrecht vorliegende und in Erscheinung tretende Interessenkollision zu überwinden. Ich möchte dem gegenüber nur mit wenigen Worten sagen, daß wir das Problem der Mitbestimmung ja sehen müssen im

Rahmen der heutigen Wirtschaftsordnung, in der keine andere Möglichkeit gegeben ist, als das Arbeitsverhältnis als Herrschaftsverhältnis oder, wenn Sie so wollen, als rechtliches Gewaltverhältnis zu sehen. Die Frage einer Vergenossenschaftung der Betriebe setzt wesentliche Veränderungen der Eigentumsverhältnisse und damit eine sehr erhebliche und umfangreiche Veränderung unserer gesellschaftlichen Verhältnisse voraus. Ich lehne derartige Änderungen unserer gesellschaftlichen Verhältnisse nicht ab. Ich will nur darauf hinweisen, daß sie eine der Voraussetzungen sind, um diesen „viereckigen Kreis" zu überwinden, daß wir jedenfalls in der heutigen Wirtschafts- und Gesellschaftsverfassung um den „viereckigen Kreis" nicht herumkommen.

Herr Prof. Nikisch hatte den Wunsch, die Tarifparteien möchten Abstand nehmen von der Vereinbarung von Effektivklauseln. Wenn ich die Debatte über die Effektivklausel verfolge, dann stelle ich mehr als einmal fest, daß es hier so ähnlich ist wie bei den Auseinandersetzungen um Akkordfragen, daß jeder etwas anderes unter diesem Begriff versteht. Es würde zuerst einmal notwendig sein, den Begriff und dann die Frage der rechtlichen Zulässigkeit zu klären, um dann darüber zu entscheiden, ob man sie vereinbart oder nicht.

Zu den Ausführungen von Herrn Prof. Dietz einige kurze Anmerkungen. Es ist unmöglich, auf die Fülle der Probleme einzugehen, die er aufgeworfen hat. Ich darf vorweg sagen, ich stimme ihm nicht zu, daß die negative Koalitionsfreiheit verfassungsrechtlich geschützt ist. Es ist etwas bequem, wenn man sagt, der Hinweis auf die geschichtliche Entwicklung überzeuge nicht. Darf ich Herrn Prof. Dietz sagen, seine Ausführungen haben, wie auch die bisherigen Ausführungen in der Literatur, mich auch nicht zu überzeugen vermocht. Er warf eine andere Frage auf, die hochinteressant ist, und zwar die Frage: wenn nach dem Betriebsverfassungsgesetz der Betriebsrat Regeln für die Akkordpreise aufzustellen hat, ob etwa ohne solche Regeln die Einführung und die Leistung von Akkordarbeit unzulässig sei. Ich darf darauf verweisen, daß im Betriebsverfassungsgesetz im gleichen Paragraphen auch die Bestimmung enthalten ist, daß der Betriebsrat mitzubestimmen hat bei der Einführung neuer Entlohnungsmethoden, also auch über die Einführung von Akkordarbeit. Darin liegt m. E. die Antwort auf die gestellte Frage.

Sowohl Herr Prof. Dietz wie auch Herr Prof. von Nell-Breuning haben Bezug genommen darauf, daß vor einem Jahrhundert das, was wir heute als kollektives Arbeitsrecht bezeichnen, nicht vorhanden war. Das ist unzweifelhaft richtig; aber ich möchte auf eines verweisen: Wir haben auch vor hundert Jahren bereits kollektive Regelungen im Arbeitsrecht gehabt. Die erste Fabrikordnung, die einmal in einem Betrieb erlassen worden ist, war eine kollektive Regelung von Arbeitsbedingungen. Nur mit dem Unterschiede, daß sie nicht wie unsere heutigen Regelungen auf Vertrag oder Vereinbarung beruhte, sondern auf dem einseitigen Diktat des Arbeitgebers. Wie ja auch das Dritte Reich nicht frei war von kollektiven Regelungen, nur daß sie nicht vertraglich herbeigeführt wurden, sondern durch die Anordnungen der sogenannten Treuhänder der Arbeit oder auf betrieblicher Basis durch den Arbeitgeber, den Führer des Betriebes, wie es im Gesetz zur Ordnung der nationalen Arbeit heißt. Wenn wir heute vom kollektiven Arbeitsrecht sprechen, meinen wir also das vertragliche Recht einschließlich der zur Stützung des vertraglichen Rechts gegebenen gesetzlichen Vorschriften. Bei der heutigen industriellen und gewerblichen Verfassung unserer Wirtschaft ist jedenfalls von einer anderen als kollektiven Regelung von Arbeitsbedingungen nicht mehr zu reden. Ich halte es für notwendig, darauf hinzuweisen angesichts des Umstandes, auf den auch Prof. von Nell-Breuning Bezug nahm, daß man gewisse Bestimmungen des Grundgesetzes in ihrem individualistischen Inhalt zu hoch bewertet und als Argument gegen kollektive Regelungen verwendet. Ich halte es vor allen Dingen für notwendig angesichts der Tatsache, daß mir neulich eine Schrift — Bericht einer Landesvereinigung von Arbeitgeberverbänden — zu Gesicht kam, in der man diese mit Recht von Prof. von Nell-Breuning kritisierte Überschätzung des individuellen Gehaltes der Grundgesetzbestimmungen vertrat und daraus die Forderung herleitete, dem Kollektivismus im Arbeitsrecht entgegenzutreten und ihn zurückzudrängen. Eine Zurückdrängung kollektiver Regelungen im Arbeitsleben ist nicht möglich. Eine solche Forderung kann also nur bedeuten, daß man es weniger auf vertraglicher Grundlage wünscht als durch einseitige Bestimmungen der Arbeitgeber. Etwas derartiges halte ich allerdings für mit dem Charakter der Bundesrepublik als sozialer Rechtsstaat nicht vereinbar.

Die Frage des heutigen Tages, Freiheit und Bindung im kollektiven Arbeitsrecht, ist m. E. bereits beantwortet worden: Nur die Bindungen im kollektiven Arbeitsrecht garantieren die Persönlichkeitsentfaltung und die Freiheit des Arbeitnehmers. Bestrebungen gegen das kollektive Arbeitsrecht richten sich zugleich gegen die Freiheit, die Persönlichkeitsentfaltung des Arbeitnehmers. Insoweit freue ich mich, daß heute in den Vorträgen wie in der Debatte allgemein positiv zum kollektiven Arbeitsrecht Stellung genommen worden ist, wenn auch Meinungsverschiedenheiten über die Grenzen dieses Rechts gegenüber dem Individualrecht zu verzeichnen waren. Ich halte diese Auseinandersetzungen über die Grenzen für notwendig und zweckmäßig. Wir müssen uns aber darüber klar sein: ohne das kollektive Arbeitsrecht sind die Freiheit des arbeitenden Menschen und seine Menschenwürde nicht zu gewährleisten.

Max Lobeck, Düsseldorf:

Ich hatte eigentlich vor, meinen Diskussionsbeitrag zu dem heutigen Thema „Freiheit und Bindung im kollektiven Arbeitsrecht" unter die Überschrift des hinter uns liegenden längsten Arbeitskampfes der Nachkriegszeit in der Bundesrepublik zu stellen, respektiere aber den Wunsch unseres verehrten Ehrenpräsidenten, die Dinge in Schleswig-Holstein hier als abgeschlossen zu betrachten und heute nicht weiter zu diskutieren. Trotzdem halte ich es für meine Pflicht, darauf hinzuweisen, daß die Lehren aus Schleswig-Holstein, die wir auf beiden Seiten zu ziehen haben, natürlich auch gezogen werden müssen. Doch damit genug davon und nun zu etwas anderem.

Herr Professor Dietz hat gemeint, eine Begründung für die Gegnerschaft gegen die Koalition vor hundert Jahren könnte auch in der Sorge um eine größere Sicherung der individuellen Freiheit gesehen werden. Es mag dahingestellt bleiben, ob dies zutrifft oder ob es nicht doch die Angst vor der Koalition war, die zu dem damaligen Koalitionsverbot führte, die Angst vor einer Koalition, die, wie Herr Professor von Nell-Breuning meinte, den formal freien Lohnarbeiter zur rechtlichen Freiheit führen sollte. Mit jeder Koalition ist aber die Gefahr einer Einschränkung der Freiheit verbunden. Darauf hat mit Recht Herr Professor von Nell-Breuning hingewiesen und dabei eine Gefahr hervorgehoben, nämlich die Gefahr, daß u. U. die Freiheit gegenüber dem Arbeitgeber um den Preis einer Unfreiheit gegenüber der Organisation erkauft werden muß. Auf diese Gefahr möchte auch ich mit allem Nachdruck hinweisen und dabei sofort den Einwand vorwegnehmen, daß der mit jeder Organisation verbundene Zwang auch auf Unternehmerseite vorhanden sei. Ich glaube, daß hier die Gefahr nicht so groß ist; ich kenne den Individualismus der Unternehmer aus eigener Anschauung und weiß, wie schwer der Unternehmer sich in den Rahmen einer Organisation überhaupt einfügen läßt. Wir sollten aber die von Herrn von Nell-Breuning aufgezeigte Gefahr nicht unterschätzen.

Im übrigen sind ja die Organisationen der Unternehmer den Organisationen der Arbeitnehmer zeitlich immer erst gefolgt. Auch Herr Professor Dietz hat darauf hingewiesen, daß die Arbeitgeberverbände in ihrem Werden und Wachsen durch die Gewerkschaften bedingt und bestimmt gewesen seien. Ich habe nie geglaubt, daß dieser Vorgang bezweifelt werden könnte und war daher so sehr erstaunt, als ich vorhin in der Pause von einem Vertreter des Deutschen Gewerkschaftsbundes gefragt wurde, ob tatsächlich der Einfluß der Gewerkschaften auf die Organisation der Arbeitgeberverbände so stark gewesen sei, wie Herr Professor Dietz dies behauptet hätte. Auf die primär vorhandenen Gewerkschaften erfolgte erst sekundär die Bildung der Arbeitgeberverbände. Wie sagt man: Auf Druck erfolgt Gegendruck, oder, wenn man es militärisch ausdrücken will: neue Angriffswaffen erzeugen immer wieder neue Abwehrwaffen.

In dieser Hinsicht darf ich noch eine Bemerkung von Herrn Prof. von Nell-Breuning aufgreifen. Er sprach von den strategisch groß angelegten Kollektivmaßnahmen auf der Gewerkschaftsseite. Selbstverständlich entsprechen solchen strategischen Maßnahmen auf der einen Seite auch generalstabsmäßig vorbereitete Maßnahmen auf der anderen Seite. Arbeitskämpfe wird es immer geben. Nach meiner Ansicht wird der Streik in einer freien Wirtschaftsordnung und aus einer freien Wirtschaftsordnung nicht zu verbannen sein, als Mittel zur Durchsetzung, wie Prof. von Nell-Breuning gesagt hat, berechtigter Forderungen. Über die Berechtigung der einen oder der anderen Forderung wird sich immer streiten lassen, doch sollte bei den kollektiven Auseinandersetzungen das eine Kollektiv Rücksicht auf das andere Kollektiv nehmen. Es gibt keine unbeschränkte Freiheit des einen Kollektivs gegen das andere.

Herr Prof. von Nell-Breuning hat gesagt, daß Arbeitskämpfe dann ihren Sinn verlieren, wenn sie nicht unter Opfern durchgeführt werden. Man wird diese Auffassung nur bestätigen können. Arbeitskämpfe, die nur noch von der finanziellen Kraft der einen oder der anderen Seite abhängig sind, sind nicht mehr das, was man unter Arbeitskampf versteht.

Es sollte aber unser aller Bestreben sein, Arbeitskampfmaßnahmen nach Möglichkeit zu vermeiden. Der Vermeidung von Arbeitskämpfen soll das Schlichtungswesen dienen. Ich bin dafür bekannt, ein Gegner der staatlichen Zwangsschlichtung und ein großer Freund des freiwilligen Schlichtungswesens zu sein.

Herr Prof. Dietz hat darauf hingewiesen, daß der Artikel 9 Abs. 3 unseres Grundgesetzes nicht nur die positive, sondern auch die negative Koalitionsfreiheit garantiert. Niemand kann gezwungen werden, einer Koalition beizutreten. Artikel 9 Abs. 3 schützt die Koalitionsfreiheit, aber nicht auch den Koalitionszweck, so daß hier ein Eingreifen durch Gesetz oder Vertrag möglich ist. Diese Möglichkeit findet ihren sichtbarsten Ausdruck im Tarifvertrag. Gegen eine tarifliche Regelung ist ein Kampf nicht möglich. Ihm steht die jedem Tarifvertrag immanente Friedenspflicht entgegen. Aber diese Friedenspflicht ist nicht nur dem Tarifvertrag eigentümlich, sie sollte auch Bestandteil aller Schlichtungsvereinbarungen werden. Und darum habe ich neulich an anderer Stelle von der richtigen Gestaltung der Schlichtungsvereinbarung, aber auch von der Notwendigkeit ihrer richtigen Handhabung gesprochen. Wir werden die Tarifautonomie nur dann aufrecht erhalten können, wenn wir für eine Schlichtungsgestaltung sorgen, die ihrem ursprünglichen Zweck, Tarifgemeinschaften zu erhalten oder zerstörte wiederherzustellen, in jeder Hinsicht gerecht wird. Wenn uns das nicht gelingt, brauchen wir uns, glaube ich, über das Thema unserer heutigen Veranstaltung nicht mehr zu unterhalten.

Es ist aber, glaube ich, weiter auch klar, und auch darin sollten wir übereinstimmen, daß die Durchsetzung noch so berechtigter Forderungen nicht auf Kosten der Allgemeinheit geschehen kann. Leider sind wir in der pluralistischen Gesellschaft so in Interessengruppen aufgespalten, daß viele ohne Rücksicht auf andere ihren Vorteil suchen. Solche Tendenzen gilt es zu bekämpfen. Wenn wir an der Tarifautonomie festhalten wollen, müssen wir vor jeder Entwicklung warnen, die sie gefährden kann. Die Freiheit im kollektiven Arbeitsrecht läßt sich nur erhalten, wenn alle Beteiligten sich der Verantwortung gegenüber dem Ganzen bewußt sind. Wir sollten immer den Satz beachten, daß das Individuum nicht wegen des Kollektivs da ist, sondern das Kollektiv wegen des Individuums.

Und damit darf ich noch auf den Tarifvertrag selbst eingehen und anknüpfen an die wunderhübsche, von Herrn Prof. Dietz gebrauchte Formulierung, daß die Aufgabe des Tarifvertrages die Sicherung der Mindestbedingungen sei und daß nur deshalb eigentlich der Tarifvertrag erfunden sei. Sicherung des Arbeitnehmers und der Stellung des Arbeitnehmers durch tarifliche Mindestbedingungen sollte als Zweck des Tarifvertrages uns immer vorschweben. Lassen Sie uns daran festhalten. Über die Mindestbedingungen hinaus haben individuelle Regelungen Platz zu greifen; die Sicherung der Mindestbedingungen ist die Grenze der Bindung im kollektiven Arbeitsrecht. Die Anpassung des einzelnen Falles an die tariflichen Normen gehört nicht zur Aufgabe des Kollektivs.

Ich glaube, bei einer solchen Betrachtung des Tarifvertrages findet auch die Regelung der Effektivklausel, über deren rechtliche Zulässigkeit ich hier jetzt nichts sagen möchte, ihre Lösung. Ich darf von der praktischen Seite aus das, was Herr Prof. Nikisch und die anderen Herren zu dieser Frage gesagt haben, dahingehend ergänzen, daß ich glaube, jede Art von Effektivklausel ist geeignet, die Arbeitgeber in der Regelung auf freiwilliger Basis zu einer Zurückhaltung zu zwingen, zu einer Zurückhaltung, die letzten Endes nicht im Interesse der Arbeitnehmerschaft liegen kann.

Wir nennen uns Gesellschaft für Sozialen Fortschritt und haben uns die Aufgabe gestellt, dem sozialen Fortschritt zu dienen. Ich glaube, in bezug auf das heutige Thema — Freiheit und Bindung im kollektiven Arbeitsrecht — die Aufgabe des sozialen Fortschrittes so umreißen zu dürfen, daß einer möglichst großen Anzahl von Menschen das größtmögliche Maß an individueller Freiheit eingeräumt wird.

Prof. Dr. Ludwig Preller, Bonn:

Angesichts der Tatsache, daß die Masse unseres Kollektivs sich zu lichten beginnt, erlauben Sie mir nur wenige Bemerkungen. Mir scheint, daß diese Tagung, die Referate wie die Diskussionsbeiträge, deutlich erwiesen haben, daß das Arbeitsrecht tatsächlich als Besonderung aufgefaßt werden muß. Als eine Besonderung, die ja nicht unbestritten war und, wenn ich recht sehe, gelegentlich noch bestritten ist. Diese Besonderung, das hat Herr Siebert mit aller Klarheit herausgestellt, besteht in der soziologisch besonders dichten Verknüpfung, die diesem Recht zugrunde liegt. Und es wäre die Erfüllung eines alten Lieblingsgedankens von mir, wenn sich einmal ein Arbeitsrechtler fände, der die soziologische Bedingtheit der Entstehung und der Wandlung des Arbeitsrechtes in den vergangenen 60 oder 80 Jahren darstellte. Worum es hier geht, hat Hugo Sinzheimer, der erste Theoretiker des Arbeitsrechtes, ja in der Wilhelminischen und vor allen Dingen in der Weimarer Zeit offenzulegen versucht, indem er das Arbeitsrecht als eine Verknüpfung von öffentlichem und privatem Rechte darstellte. Carlo Schmid hat auf diese Dinge hingewiesen, als er bei der ersten Veranstaltung der Gesellschaft für Sozialen Fortschritt die Diskrepanz aufwies, die zwischen dem Bürgerrecht jedes Staatsbürgers, und damit auch jedes Arbeitnehmers, und dem ganz anders gearteten Recht dieses Arbeitnehmers in dem Herrschaftsverband des Betriebes besteht. Herr v. Nell-Breuning hat diese soziologische Grundierung des Arbeitsrechtes sehr klar herausgearbeitet, als er ausführte, daß Bindung die Voraussetzung der Freiheit sei oder zum mindesten sein könne und daß das kollektive Arbeitsrecht insoweit die Freiheit erst recht herstelle.

Von dort aus zwei Bemerkungen. Die eine zum Vortrag von Herrn Prof. Dietz: Prof. Dietz sagte, „der Mensch in seiner Würde, wie ihn Art. 1 des BGG apostrophiert, ist das Individuum". Nun ist bereits von Herrn Bührig auf die Auslassung im Jahresbericht der Bayerischen Arbeitgeberverbände hingewiesen worden, die in einer m. E. außerordentlich interessanten Weise darzulegen versucht, daß das Grundrecht der Bundesrepublik sehr viel stärker individualistisch fundiert sei als etwa die Weimarer Verfassung und daß infolgedessen für das kollektive Arbeitsrecht gewisse Schlußfolgerungen gezogen werden müßten. Ich möchte dem widersprechen. Das Grundgesetz in Art. 1 wie in den nachfolgenden Artikeln der sogenannten Grundrechte, dieses Grundgesetz spricht zwar von individualen Rechten, klärt aber nicht und kann nicht klären, wie diese Rechte zu sichern sind. Hier muß die Überlegung von Herrn von Nell-Breuning einsetzen, daß nämlich diese Rechte des Individualen, der Freiheit, der Persönlichkeit, daß diese Rechte in ihren Voraussetzungen gesichert sein müssen, und erst wenn das geschehen ist, kann von der wahren Freiheit des Individuums oder, wie ich nun mit Herrn von Nell-Breuning sagen möchte, von der Persönlichkeit gesprochen werden. Und insofern wäre ich dankbar, wenn Herr Dietz seinen Satz, „der Mensch in seiner Würde, wie in Art. 1 apostrophiert, ist das Individuum", vielleicht doch dahin umändert zu sagen, „ist die Persönlichkeit". Dann ist die Voraussetzung zu dieser Freiheit der Persönlichkeit, die im Kollektiven liegt, im Worte „Persönlichkeit" gleichzeitig mitenthalten.

Aber ich muß mich von diesem Standpunkt aus auch ein wenig mit dem Vortrag von Herrn von Nell-Breuning beschäftigen. Herr von Nell-Breuning meinte, die wirtschaftliche Mitbestimmung, wie sie die Gewerkschaften wollten oder sähen, sei, das ist bereits schon einmal apostrophiert worden, die Quadratur des Kreises. Mir scheint, daß wir hier etwas schärfer unterscheiden müssen. Was ist denn das, was hier als Mitbestimmung angesprochen wird? Das ist m. E. ein Doppeltes: einmal ist die Mitbestimmung als Mitverantwortung für den Ertrag der Produktion angesprochen; wirtschaftliche Mitbestimmung nennen wir dies gewöhnlich. Diese wirtschaftliche Mitbestimmung für den Ertrag der Produktion kann tatsächlich nur kollektiv getragen werden. Wie die österreichischen Freunde mir vorhin gerade sagten, sehen sie z. B. Mitbestimmung kaum als betriebliche, sondern vor allem als überbetriebliche Mitbestimmung. Ich will jetzt hier darüber nicht weiter sprechen. Aber wenn wir die Dinge vom Standpunkt der überbetrieblichen Mitbestimmung aus sehen, wird es noch viel klarer, daß hier nur eine kollektive Verantwortung einsetzen kann, die dann also von gewerkschaftlicher Seite getragen wird. — Und das andere ist die Mitbestimmung, die wir gewohnt sind als personale oder als soziale Mitbestimmung zu sehen, also die Mitbestimmung, um im Herrschaftsverband Betrieb eine Erleichterung der Beschränkung der Freiheit des Individuums, die mit jeder Herrschaft verbunden ist, zu erreichen. Mir scheint, daß dieses Herrschaftsverhältnis in keinerlei sozialem Status gebrochen werden kann. Auch in einem sozialisierten Unternehmen besteht natürlich dieses Herrschaftsverhältnis für das einzelne Arbeitsverhältnis fort; einer muß immer sagen, was geschieht. Und um dieses Herrschaftsverhältnis handelt es sich, wenn wir von Mitbestimmung im personalen und sozialen Bereich sprechen; so scheint es mir wenigstens. Und deshalb müssen wir, wie ich glaube, die beiden Dinge auseinanderhalten. Dann klärt sich nämlich auch nach meinem Empfinden der Widerspruch, den Herr von Nell-Breuning darin zu finden glaubte, wenn er sagte, beim Mitbestimmungsrecht trete als Träger der Freiheitsrechte allein das Kollektiv in Aussicht. Das trifft nur für das wirtschaftliche Mitbestimmungsrecht zu. Im

Herrschaftsverhältnis hingegen kann die Freiheit des Individuums insoweit nicht gegeben sein, sie muß nun hier von dem Kollektiv mit gewahrt werden. Ein Widerspruch besteht m. E. hier nicht.

Und endlich noch einige Worte zu den Ausführungen von Herrn Dr. Bohn zu § 25 des Heimarbeitsgesetzes, der die Möglichkeit bringt, daß der Staat für einen Heimarbeiter die Klage auf den ihm zustehenden Lohn durchführen kann. Wenn wir sagen, die Bindung ist die Voraussetzung für die Freiheit, dann muß m. E. auch die Möglichkeit bestehen, etwa dort, wo eine gewerkschaftliche Organisation nicht vorhanden ist, daß dann ein anderer für den, auf den die arbeits- oder tarifvertraglichen Normen fälschlich nicht angewendet werden, vor dem Arbeitsgericht eintritt. Die Frage ist nur, ob das der Staat oder ob das ein anderer sein solle. Herr Siebert hat gemeint, es wäre ihm unbehaglich, wenn der Staat das sei; ich will darüber nicht rechten. Ich möchte nur darauf hinweisen, daß, wenn ich recht sehe, im Verwaltungsgerichtsverfahren in wenigen Fällen, aber immerhin grundsätzlich der Staat durchaus in der Lage ist, auch als Kläger aufzutreten. Es ist also nichts Neues, was hier geschieht.

Und endlich die Frage, die von Herrn Dietz aufgeworfen war, als er sagte, daß es ihm zweifelhaft erscheine, ob eine kollektive Verabredung den Arbeitnehmer in seinem Lohn in gewisser Weise beschränken, ihm einen Verwendungszweck auferlegen könne. Wenn wir dieser These folgten, würden wir — darauf möchte ich nur hinweisen — der Lösung des Problems M i t e i g e n t u m starke Fesseln anlegen. Ich möchte hier auf die Frage des Lohn-Preis-Verhältnisses nicht im einzelnen eingehen. Aber wir wissen doch alle, daß es von einer gewissen Lohnhöhe an so ist, daß eine weitere Lohnerhöhung nur dann nicht inflationär wirkt, wenn sie gleichzeitig mit einem Sparprozeß verbunden ist. Wie gesagt, ich will hier gar nicht darauf eingehen, von welchem Grad der Lohnerhöhung an das eintritt, aber daß es von einem bestimmten Grad an so ist, das wissen wir ja alle, nicht wahr? Und wenn dieser Punkt erreicht ist, ist gerade die etwaige tarifliche Bindung im Verwendungszweck für diesen Mehrlohn gegebenenfalls das einzige Mittel, um dem Arbeitnehmer mehr zukommen zu lassen, ohne ihn in die Gefahr zu bringen, daß dieses Mehr nun letztlich auf ihn selbst wieder in Form von Preiserhöhungen zurückschlägt. Ich möchte also doch glauben, daß man arbeitsrechtlich diese Frage noch einmal darauf prüfen muß, ob die hier geäußerte Stellungnahme sozialpolitisch, wirtschaftspolitisch und soziologisch in dieser Form beibehalten werden kann.

Karl Müller, Hannover:

Ich habe nicht die Absicht, auf die weitgehenden Ausführungen der Referenten im großen und ganzen einzugehen; dafür ist die Zeit zu kurz. Meine Diskussionsrede beschränkt sich auf für mich wesentliche Punkte aus dem Vortrag von Herrn Prof. Dietz wie auch auf den Inhalt der Diskussionsrede von Herrn Prof. Nikisch. Es sind dies vier Punkte:

Einmal ist es die Bildung von tariflichen Schlichtungsstellen und deren Ausbau in den Verträgen der Tarifvertragsparteien. Herr Lobeck hat in seinen Ausführungen unter Hinweis auf den Metallarbeiterstreik in Schleswig-Holstein diesen Punkt stark angesprochen, obwohl er dies nach seinen Worten nicht wollte. Es ist allgemein bekannt, daß ich als Vertreter der Gewerkschaften ein starker Verfechter der Bildung von tariflichen Schlichtungsstellen bin. Wenn ich dies herausstelle, möchte ich aber auch zugleich erklären, daß ich mich gegen jede mißbräuchliche Anwendung dieser tariflichen Schlichtungsstellen wende. Sie sind nicht geschaffen, um die Verantwortung möglichst dorthin zu verlegen.

Die von Herrn Prof. Dietz behandelten anderen beiden Punkte, und zwar die Effektivklausel in den Verträgen und die Rückwirkung von abgeschlossenen Tarifverträgen, stehen nach meiner Meinung in einem engen Zusammenhang mit der Funktion der tariflichen Schlichtungsstelle und weitmöglicher Vermeidung von Arbeitskämpfen.

Wenn wir die Verhältnisse in unserer Bundesrepublik so hätten wie in anderen Ländern, etwa wie in den Vereinigten Staaten von Nordamerika, dann brauchten wir über die Frage der Effektivklausel überhaupt nicht zu sprechen. Warum geschieht das, und warum nehmen die Gewerkschaften, ich spreche das offen aus, im Gegensatz zu Herrn Prof. Dietz und auch Herrn Prof. Nikisch, den Standpunkt ein, daß der Einbau einer Effektivklausel erforderlich ist? Es geschieht doch nicht aus einer Willkür heraus. Wir müssen die Tatsachen zugrunde legen, die bei uns in der Bundesrepublik vorliegen und nicht abzustreiten sind. Die Tatsache ist, daß in fast allen Lohntarifen, ganz gleich, welcher Industrie oder Industriesparte, die Tariflöhne nach Gruppen und so tief festgelegt sind, daß dafür fast kein Arbeitnehmer mehr arbeitet. Generelle Lohnerhöhungen erfolgen auf diese Tariflöhne. Was wir wollen, ist, daß diese vereinbarte generelle Lohnerhöhung auf die Tariflöhne auch effektiv zur Auswirkung kommt. Mit dem Zulagewesen für einzelne Arbeitnehmer oder Gruppen in den einzelnen Betrieben befassen sich die Tarifvertragsparteien nicht, das ist Sache der Betriebe. Die in den Lohntarifen von den Vertragsparteien vereinbarten Lohnsätze sind Mindestsätze. Sie sind leider — und bedauerlicherweise — so tief gehalten, daß, wenn nicht eine Effektivklausel diese generelle Tariferhöhung in der Auswirkung sichert, unter Zugrundelegung der Gedankengänge von Prof. Dietz und Prof. Nikisch diese Erhöhungen in Wirklichkeit keine Auswirkung haben. Sie kosten den Arbeitgeber unter Umständen gar nichts.

Hier haben wir als Vertreter der Gewerkschaften eine Verpflichtung, und sie geht dahin, die Dinge in geordnete Bahnen zu lenken. Wir wollen keine Willkür, aber diese Erhöhung muß unter Zugrundelegung der Tatsachen effektiv zur Auswirkung kommen.

Und nun die Rückwirkung bei Abschluß von Verträgen. Wenn wir die Verhältnisse so hätten wie in Amerika — ich bin im September 1955 vier Wochen dort gewesen, zusammen mit zwei Herren des Bundesarbeitsministeriums, und habe besonders das Projekt „Beilegung von Arbeitsstreitigkeiten" studiert und geprüft — brauchten wir über diesen Punkt hier auch nicht zu streiten. Dort sind nämlich die Tarifpartner in diesem Falle sehr einig. Ist ein Tarifvertrag ordnungsmäßig gekündigt, wird der neuabgeschlossene Vertrag stets mit dem folgenden Tage nach Ablauf des gekündigten Vertrages in Kraft gesetzt, ungeachtet, an welchem späteren Zeitpunkt der Vertrag abgeschlossen wird. Bei uns wird darüber fortwährend gestritten. Hier sage ich klar und deutlich: Der Vertrag ist ordnungsmäßig gekündigt, und jeder muß sich bewußt sein, daß nach dem Tage des Ablaufes der ordnungsmäßigen Kündigung des Vertrages die Neuinkraftsetzung zu erfolgen hat. Diese Notwendigkeit ergibt sich auch aus folgender Sachlage: Sind die Verhandlungen der Vertragspartner gescheitert, tritt die bezirkliche bzw. Bundesschlichtungsstelle in Funktion. Das dauert eine längere Zeit. Will man nicht Sinn und Zweck der tariflichen Schlichtungsstellen ad absurdum führen, ist beiderseitige Erkenntnis erforderlich, daß der neue abgeschlossene Vertrag nach Ablauf des ordnungsmäßig gekündigten Vertrages in Kraft zu treten hat.

Noch kurz etwas zu den Ausführungen von Herrn Dr. Bohn. Er hat insbesondere die Frage der Mehrarbeit angesprochen und wollte hierüber das alleinige Bestimmungsrecht des Arbeitgebers haben. Ich wundere mich, daß in diesem Gremium darüber noch gestritten wird. Mit Herrn Dr. Bohn sitze ich oft in Tarifverhandlungen. Er kennt meine Ansicht über Leistung von Mehrarbeit genau. Der Wert einer Arbeitsleistung liegt in der Erfüllung der regelmäßigen werktäglichen Arbeitszeit, nicht aber bei Mehrarbeit. Wir sollten uns darüber einig sein, daß Mehrarbeit zu verwerfen und nur dort zuzulassen ist, wo es sich um Arbeit zur Erhaltung und Fortführung des Betriebes handelt. Das Mitbestimmungsrecht des Betriebsrates ist in jedem Falle erforderlich. Wenn z. B. die Arbeitszeitordnung Mehrarbeit an

30 Tagen je 2 Stunden im Jahr zuläßt ohne Genehmigung des Gewerbeaufsichtsamtes, dann besteht für den Arbeitnehmer noch lange nicht die Verpflichtung, diese geforderte Mehrarbeit zu leisten. Hier hat schon die Verständigung zwischen Betriebsleitung und Betriebsrat Platz zu greifen. Gegen die Gedankengänge von Herrn Dr. Bohn wende ich mich entschieden.

Schlußworte

Prof. Dr. Oswald von Nell-Breuning, Frankfurt/M.:

Einige der Diskussionsredner haben in ihrem Bestreben, mir eine Freundlichkeit zu sagen, einen Gegensatz zwischen mir und meinem Vorredner konstruiert. Ich möchte doch klarstellen, daß ein solcher gar nicht vorhanden ist. Ich habe versucht, darzustellen, daß zur Begründung der Sicherung der Freiheit gegenüber der anderen Seite, hier also der anderen Arbeitsmarktpartei, es notwendig ist, Bindungen innerhalb des eigenen Kollektivs einzugehen, insofern also einen Preis für die Freiheit zu zahlen. Gegenstand des Referats von Herrn Prof. Dietz war es, zu untersuchen: wie hoch ist dieser Preis, vielleicht auch: wie hoch soll oder darf dieser Preis sein? Insofern scheint mir, daß unsere beiden Referate nur im Verhältnis der Ergänzung zueinander standen, aber in gar keiner Weise in einem Gegensatz.

Wenn in der Diskussion gesagt worden ist, das Lohnarbeitsverhältnis sei das freieste Verhältnis, so würde ich sagen: rückschauend auf die Entwicklung, die über die Sklaverei, über die Halbfreiheit und die Hörigkeit zur heutigen freien Lohnarbeit geführt hat, zweifellos. Aber ich bin nicht davon überzeugt, daß damit aller Tage Abend gekommen ist. Ich glaube, die Entwicklung kann und soll noch einen Schritt weiter gehen.

Was nun meine Ausführungen zur Mitbestimmung angeht, in denen ich von einem viereckigen Kreis gesprochen habe, so bin ich keineswegs der Meinung, das, was wir heute haben, dieses bißchen Mitbestimmung, sei ein viereckiger Kreis, unsere Gewerkschaften hätten das Kunststück fertiggebracht, einen viereckigen Kreis zu verwirklichen. Ich habe diese Kennzeichnung ausdrücklich beschränkt auf dasjenige, was als Endziel der Mitbestimmung vorschwebt; dieses würde meiner Meinung nach in der Tat ein viereckiger Kreis sein, wenn man es im Rahmen des heutigen Lohnarbeitsverhältnisses erreichen wollte. Ich habe volles Verständnis dafür, halte es sogar für durchaus richtig, daß die Gewerkschaften vorläufig an dem Lohnarbeitsverhältnis festhalten, daß sie die ganzen arbeitsrechtlichen Sicherungen, die nun einmal an diese Rechtsfigur anknüpfen, nicht aufs Spiel setzen wollen, bevor neue Formen und entsprechende Sicherungen, mit voller Präzision ausgearbeitet, zur Verfügung stehen. Auch darin bin ich mit Herrn Bührig einig, daß die Verwirklichung des Mitbestimmungsrechtes im Vollsinne des Wortes eine Umgestaltung unserer gesellschaftlichen Ordnung bedeuten würde, daß sie tatsächlich nicht nur das Lohnarbeitsverhältnis sprengen, sondern die bestehende gesellschaftliche Ordnung umwälzen würde. Das haben wir bei der Diskussion vor zwei Jahren in Düsseldorf auch schon einmal eben angetippt, wo mein damaliger Korreferent, Prof. Carlo Schmid, ausdrücklich die Feststellung traf, daß es sich beim Mitbestimmungsrecht im echten und vollen Sinne des Wortes um einen grundsätzlichen Umbau der gesellschaftlichen Ordnung handele.

Bei der vorgeschrittenen Zeit darf ich mich mit diesen Ausführungen begnügen.

Prof. Dr. Rolf Dietz, Münster:

Herr Kollege von Nell-Breuning hat gesagt, daß wir uns nach seiner Ansicht nicht widersprochen haben, sondern von dem gleichen Ausgangspunkt ausgegangen sind. Ich kann nur betonen, das ist auch meine Auffassung. Meine Aufgabe war ja nicht, zu fragen und zu erörtern, ob das Kollektiv richtig oder nicht richtig ist. Seine Existenz und seine Berechtigung habe ich als selbstverständlichen Ausgangspunkt genommen. Und damit war für mich das Problem gestellt: wie weit geht die Gestaltungsmacht des Kollektivs.

Es ist nicht meine Ansicht, wie Herr Günther meint, daß die Tarifvertragsparteien alles gestalten sollen, was sie gestalten können. Nur mit dem, was sie können, habe ich mich befaßt. Und dafür habe ich versucht Grenzen abzustecken.

Daß ich damit nicht in jeder Einzelheit mit allen Arbeitsrechtlern eine Übereinstimmung finden konnte, das war doch selbstverständlich. Es wäre grausig, wenn wir jetzt plötzlich alle einer Meinung wären, wenn Herr Nikisch und ich verwechselt würden, weil wir immer dasselbe sagen, und wenn Herr Siebert keine besondere Ansicht vertreten würde. Es war auch nicht zu erwarten, daß Herr Bührig auf Grund meiner Bemerkungen von fünf Minuten über die negative Koalitionsfreiheit anderer Ansicht geworden wäre. Ich habe nur zeigen wollen: dort, bei diesen Fragen taucht das Problem der Grenze auf, und dort sollte man unter den aufgezeigten Aspekten die Fragen noch einmal durchdenken.

Wenn Herr Kollege Preller meinte, ich sollte das Wort Individuum durch „Persönlichkeit" ersetzen, so bin ich dazu gern bereit. Aber der Jurist versteht unter Individuum und Persönlichkeit dasselbe. Für die juristische Definition ist Mensch, Individuum, Persönlichkeit dasselbe. Entscheidend ist, daß wir nicht Verschiedenes meinen.

Prof. Dr. Sitzler, Stuttgart:

Die Diskussion ist zu Ende. Ich danke allen Rednern herzlich für ihre Beiträge. Die Diskussion war auf der Höhe der Vorträge, und das will viel heißen. Ich freue mich, daß wir dieses Thema auf die Tagesordnung der heutigen Sitzung gesetzt haben. Die Besprechung hat gezeigt, daß auf diesem Gebiet noch manches zu klären ist. Ich glaube, daß von der heutigen Veranstaltung manche Anregungen ausgehen werden, sowohl für die Praxis wie auch für die Wissenschaft. Ich möchte auch den Zuhörern danken, die so aufmerksam und so lange hier zugehört haben. Und damit schließe ich die Veranstaltung.

Printed by Libri Plureos GmbH
in Hamburg, Germany